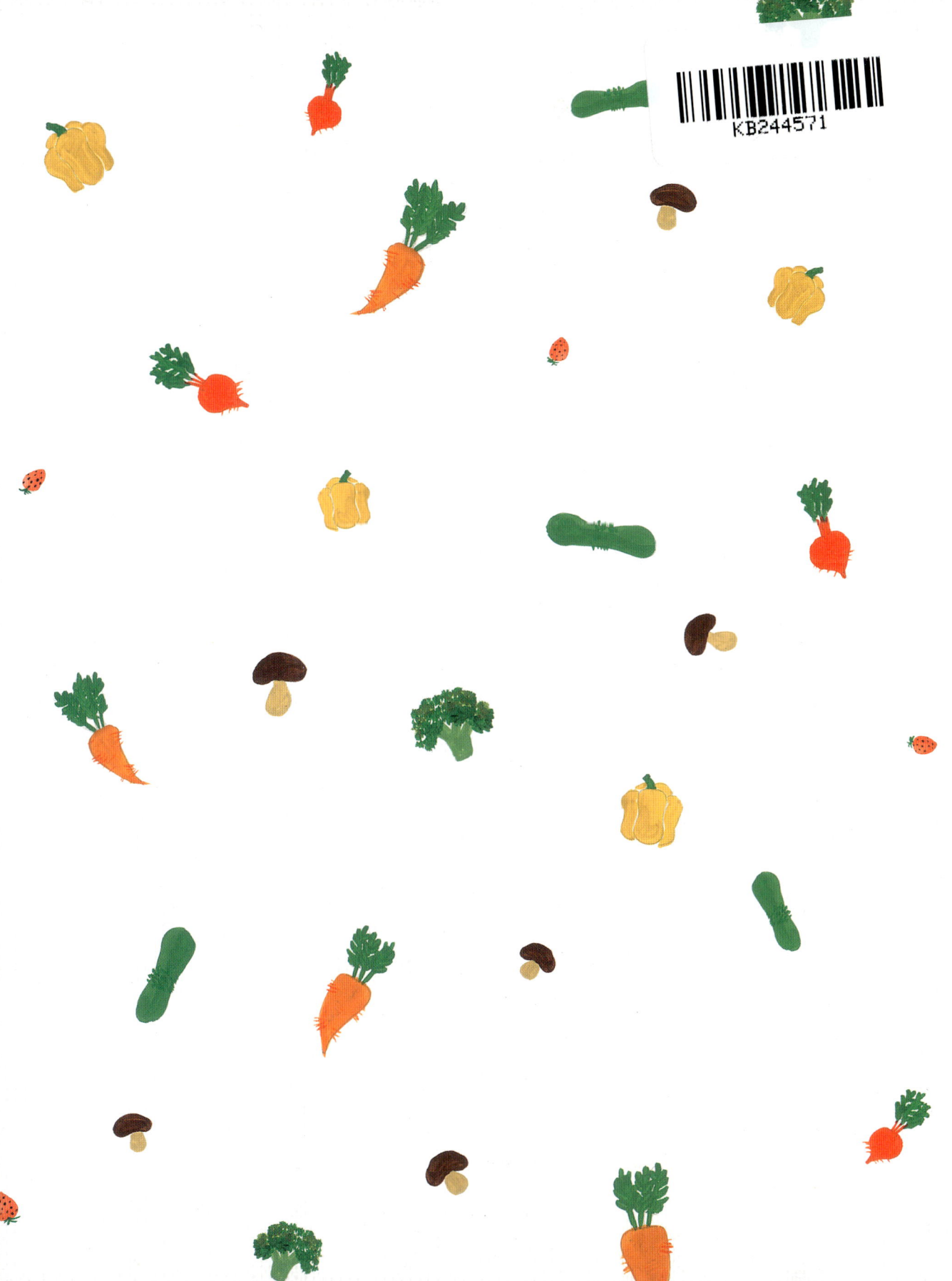

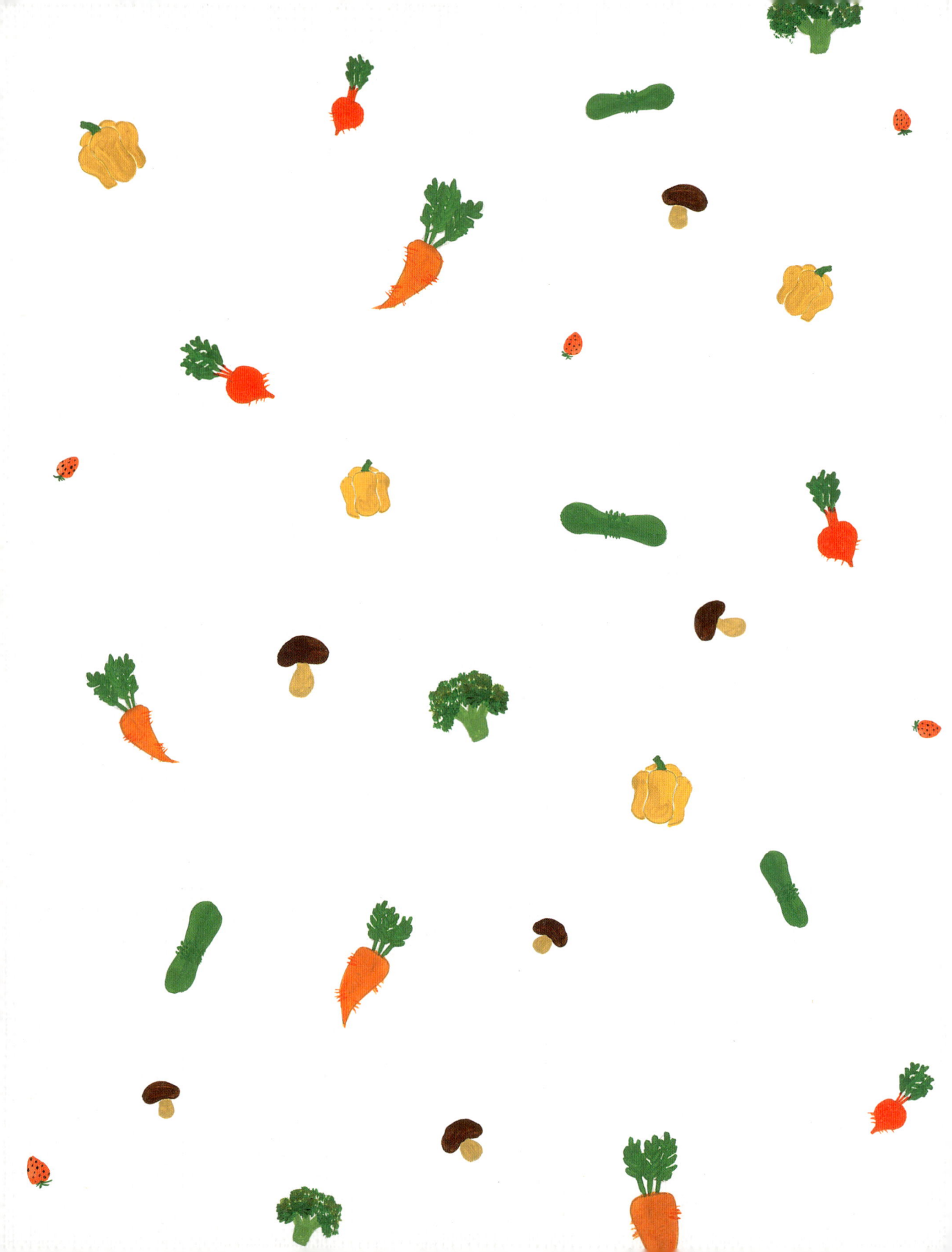

친구들과 조물조물 냠냠 맛있는 간식 만들기

상상력과 창의력 쑥쑥

어린이 요리책

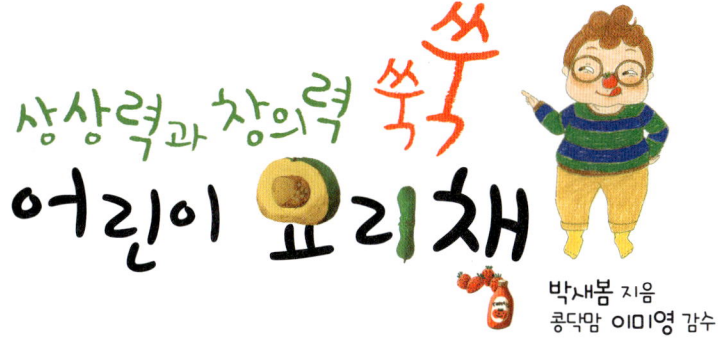

박새봄 지음
콩닥맘 이미영 감수

꽃숨

엄마가 요리하는 모습을 먼저 보여주세요

어릴 때부터 요리하는 것을 좋아했어요. 엄마가 없는 날이면 부엌에서 하루 종일 조몰락조몰락 간식을 만들었지요. 냉장고에서 이것저것 꺼내 마구 섞기도 하고 그릇에 밀가루와 달걀만 넣고 전자레인지에 넣어 돌려보기도 했어요. 재료만 섞으면 요리가 되는 줄 알고요. 지금 생각해보면 호기심에서 시작된 그런 경험들이 그림 작가로 살아가는 데 밑거름이 된 것 같아요. 요리는 상상력과 창의력을 자극하는 멋진 놀이니까요.

요즘 아이들에게 그림을 가르치고 있는데, 우연히 요리를 접목시켜 수업을 했어요. 아이들이 정말 신 나게 하더라고요. 생각지도 못했던 작품들도 나오고요. 그 후로는 종종 요리와 미술을 함께 하는 수업을 진행합니다. 그러다 보니 재료와 요리 순서, 요리법을 이해하기 쉬운 그림으로 소개하는 책을 만들어야겠다는 생각이 들었어요. 교재로 쓸 맞춤한 책이 별로 없었기 때문이지요. 또 집에서도 친구들과 책을 보며 요리할 수 있다면 더욱 효과적일 것 같았지요. 그래서 《상상력과 창의력 쑥쑥 어린이 요리책》이 태어나게 되었습니다.

엄마는 《상상력과 창의력 쑥쑥 어린이 요리책》을 잘 활용할 수 있도록 아이 옆에서 조금만 도와주세요. 아직 익숙하지 않은 도구의 사용법을 알려주고 요리할 때 안전을 위한 주의사항도 꼭 일러주고요. 그리고 엄마가 즐겁게 요리하는 모습을 보여주세요. 아이도 금방 호기심을 느껴 자연스럽게 따라할 거예요.

자, 아이와 함께 앞치마를 두르고 냉장고 문을 활짝 열어볼까요?

우선 냉장고 속에 있는 재료부터 하나씩 설명해주세요. 요리를 하고 남은 재료는 어떻게 보관하는지, 냉장실과 냉동실에 넣는 재료는 어떻게 다른지, 달걀을 깨뜨리지 않고 잘 보관하는 요령은 무엇인지, 치즈나 버터, 마요네즈는 어디에 있는지……. 매번 엄마가 함께 하지 않아도 아이는 금세 익숙해져서 스스로 척척 주먹밥 정도는 만들 거예요. 엄마가 집에 없는 날이면 친구들을 데려와 조물조물 간식을 만들어 맛있게 나눠 먹기도 하겠죠? 문화센터에서 하는 요리 놀이 수업은 개인차를 고려하지 않은 프로그램인데다 일회성이어서 교육적 효과가 미비합니다. 하지만 집에서 재미있는 책을 보며 만드는 건 언제든지 할 수 있어요. 또 같은 요리를 반복해서 만들면서 점점 새로운 아이디어가 더해지면 생각지도 못한 근사한 결과물이 나옵니다. 그럴 때 아이가 느끼는 즐거움과 성취감이란 상상 그 이상이에요.

밖에서 돌아왔을 때 아이가 만들어놓은 근사한 간식이 식탁 위에 놓여있는 걸 상상해보세요. 아이의 요리를 맛보면서 두 사람은 새로운 이야기를 시작하겠지요? 이 요리는 어떻게 만들었는지, 시간은 얼마나 걸렸는지, 맛은 어떤지 등등을 이야기하면서 '요리'라는 공통 관심사를 놓고 상상의 나래를 펴는 것은 참 행복할 거예요.

2014년 봄, 박새봄

추천의 글

요즘 아이들은 똑똑해지기 위해 어릴 때부터 학원에 가지만, 정작 아이들을 행복하게해주는 것은 똑똑함이 아니라 무한한 상상력과 막힘없는 창의력입니다. 아이가 행복한 삶을 살기 위해 배워야 하는 것들은 대부분 엄마 아빠와 함께 보내는 시간에서 얻게 됩니다. 이런 의미에서《상상력과 창의력 쑥쑥 어린이 요리책》은 아이들이 행복하게 자라길 바라는 부모님들이 꼭 알아야 할, 재미있는 '요리 놀이'를 소개한 책입니다.

아이들의 뇌는 주도적이고 체험적인 활동을 할 때 가장 활발하게 작용하며 학습합니다. 또 뇌는 다양한 냄새, 색깔, 질감, 크기, 소리를 경험하며 발달하기 때문에 요리 활동은 뇌 발달에 적합한 놀이입니다. 자기 주도적으로 놀고 배울 줄 아는 아이는 시키지 않아도 스스로 즐거움을 찾고 성취를 향해 노력하게 되지요.《상상력과 창의력 쑥쑥 어린이 요리책》은 바로 이런 능력을 키워주는 놀이로 가득합니다. 이 책의 요리 하나하나가 맛과 건강을 모두 생각했으며, 요리에 곁들여진 재미있는 상상거리와 톡톡 튀는 아이디어는 이 책의 가장 큰 매력입니다.

《상상력과 창의력 쑥쑥 어린이 요리책》은 단순한 요리 레시피북이 아닙니다. 모든 요리마다 귀여운 삽화와 맛깔스러운 글이 담겨 있어 그림책을 보고 있는 것 같아요. 요리를 시작하기 전에 아이와 함께 앉아 차근차근 읽어 보고 마음껏 상상하며 나름의 계획을 세워보세요. 책을 훑어보는 것만으로도 즐거운 상상의 세계로 빠져들기에 충분합니다.

이 책을 효과적으로 활용하기 위해 몇 가지 제안을 하고 싶어요. 시장에 가서 재료를 사고, 사온 재료를 씻고 다듬는 것부터 아이와 함께 하세요. 가

능한 아이가 혼자서 요리를 할 수 있도록 엄마가 잘 도와주세요. 책에 나온 방법과 전혀 다르게 요리하더라도 아이 나름의 방식을 인정하고 격려해주어야 합니다. 요리가 끝난 후에도 다시 책을 펴놓고 아이와 이야기를 나누어보세요. 요리를 하면서 사진도 찍고 사진들을 따로 모아 앨범으로 정리해두는 것도 좋습니다. 함께 요리했던 행복한 추억을 오래오래 간직할 수 있으니까요.

《상상력과 창의력 쑥쑥 어린이 요리책》 안에는 아이의 상상력과 창의력을 자극하는 내용이 곳곳에 숨어 있습니다. '단호박버무리' 하나를 만들어도 조물조물 호박 모양으로 빚거나 '아삭아삭 샌드위치'에 눈 코 입을 만들고, '밥이랑 꽁꽁' 주먹밥을 줄지어 늘어놓고는 애벌레나 기차를 상상하는 이야기가 담겨 있어요. 요리하며 재미있는 상상을 하고 새로운 생각을 하도록 자극하는 것이 바로 이 책의 자랑거리입니다. 이처럼 다양한 교육적 가치와 즐거움을 가득 담은 《상상력과 창의력 쑥쑥 어린이 요리책》을 아이 발달에 유익한 놀이를 찾고 있던 부모님들께 추천합니다.

마지막으로, 엄마뿐 아니라 아빠도 아이와 함께 요리하는 행복을 경험하길 바라며, 《상상력과 창의력 쑥쑥 어린이 요리책》을 통해 이 세상에 행복한 아이들이 많아지기를 기대해봅니다. 이 책이 세상에 나온 것을 진심으로 환영합니다.

이방실 《뇌가 즐거운 아기 놀이 120》의 저자 (공제)

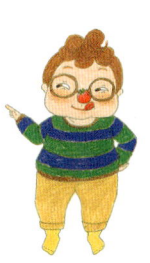

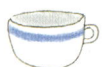 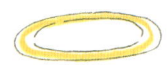 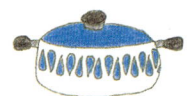   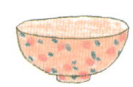

CONTENTS

 ## 자, 요리를 시작해볼까!

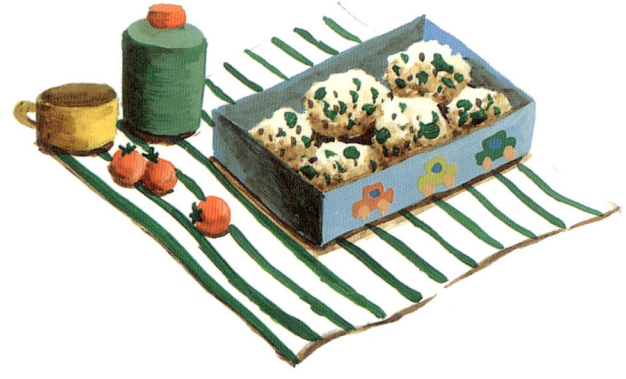

Part 1
오늘은 내가 요리사!

 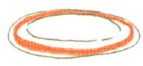 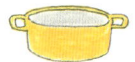 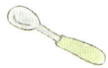 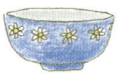 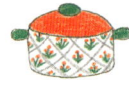

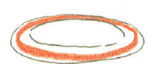
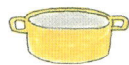
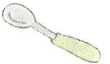
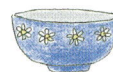
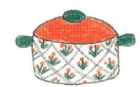

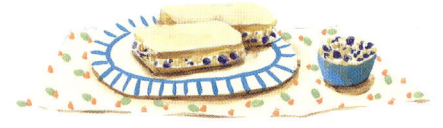

Special Recipe

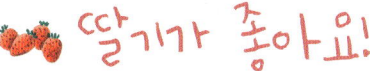 딸기가 좋아요!

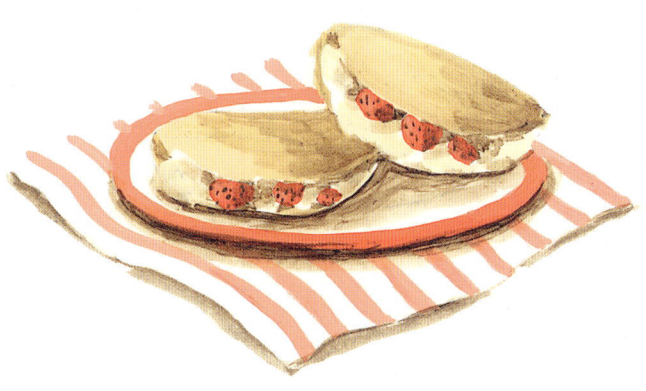

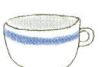
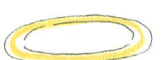

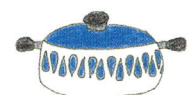

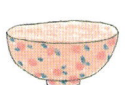

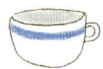 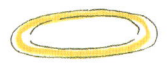 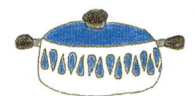   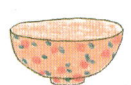

Part 2
엄마랑 함께 만들어요!

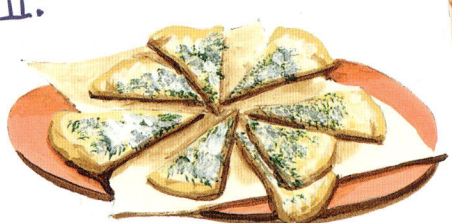 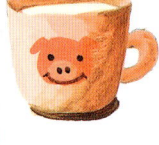

 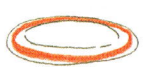 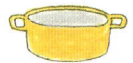 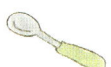 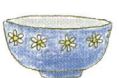 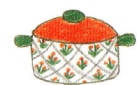

 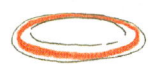 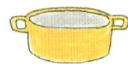 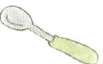 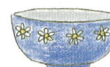 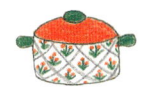

Part 3
 초간단 건강 주스

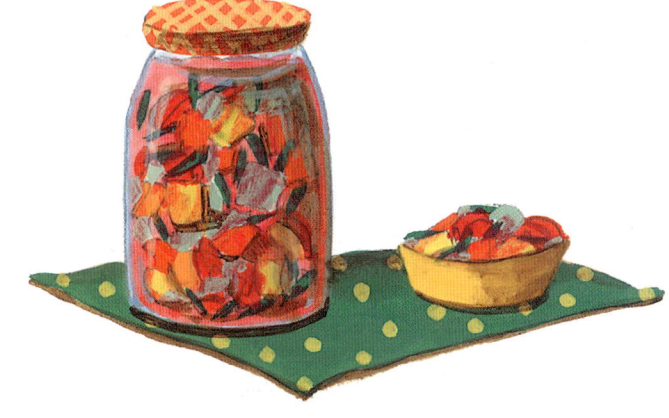

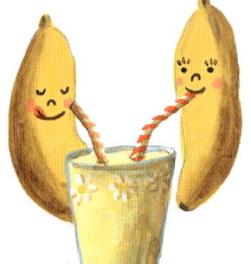

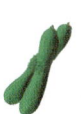 Special Recipe
곁들이 메뉴! 김치와 피클

 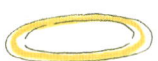 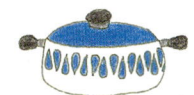   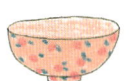

요리는 오감을 깨우고 상상력을 키우는 놀이예요

아이들에게 요리는 단순히 음식을 만드는 일이 아니라 일상생활 속에서 자연스럽게 경험하는 놀이이자 매우 창의적인 활동입니다. 주어진 요리법에 그치지 않고 각자의 상상력을 더해 새로운 결과물을 만들어 내거든요. 아이가 마음껏 요리하며 놀 수 있는 기회를 만들어주세요. 아이의 상상력과 창의력이 쑥쑥! 자라날 거예요.

재료를 가지고 신 나게 노는 동안 오감이 발달해요

재료를 손질하고 조리하고 모양을 내는 과정은 아이의 감각에 풍부한 자극을 줍니다. 여러 가지 모양과 색깔의 채소를 보고 만지고 냄새 맡지요. 미끌미끌, 말랑말랑…… 재료의 촉감을 느껴요. 송송 썰거나 보글보글 끓일 때 나는 소리도 듣지요. 요리의 맛을 보고 식감을 느끼면서 오감이 골고루 발달하게 됩니다.

창의력과 표현력이 펑! 폭발합니다

자신의 아이디어를 더해 결과물을 만들면서 창의력과 상상력이 무럭무럭 자라요. 재료를 어떤 모양으로 썰고 조합할지 궁리하고, 생크림이나 과일 등으로 예쁘게 장식하지요. 완성된 요리를 그릇에 담는 과정까지, 순간순간 표현력이 길러집니다.

감성과 두뇌가 함께 발달해요

재료를 알맞은 모양으로 손질해 조리하고 원하는 맛과 모양의 요리가 완성되게 하기까지 아이의 감각과 인지, 사고력이 총동원됩니다. 감성과 두뇌가 발달할 수 있는 가장 자연스럽고 흥미로운 주제가 바로 요리랍니다.

재료의 변화를 관찰하면서
과학적·수학적 사고를 할 수 있어요

재료를 썰어 볶거나 굽고 끓이는 동안 재료의 길이와 모양, 부피, 색깔 등이 어떻게 변하는지 직접 관찰하게 됩니다. 누가 가르쳐주지 않아도 스스로 과학적이고 수학적인 사고를 하게 되지요. 이때의 경험이 나중에 어렵고 복잡한 문제를 해결하는 밑바탕이 됩니다.

음식과 친해져 편식하던 아이도 밥을 잘 먹어요

요리 자체를 놀이로 즐기다보면 음식과 자연스럽게 친해져요. 재료를 직접 만지고 느끼면서 낯설고 관심 밖이던 것에까지 호기심을 갖게 되지요. 아이들은 자기가 만든 요리를 통해 성취감을 느끼고 즐거운 마음으로 맛을 봅니다. 편식하던 아이를 밥상과 친해지게 할 수 있는 가장 좋은 방법이에요.

요리 놀이가
더 재미있어지는 방법은...

요리를 보다 더 재미있게 즐길 수 있는 방법이 있어요. 매번 같은 도구를 사용해 비슷비슷한 요리만 만들다보면 싫증이 날 수 있거든요? 흥미를 가지고 새롭게 요리에 도전할 수 있도록 다음의 방법을 활용해봐요.

흥미를 자극하는 조리도구를 사용하세요

동물 모양의 쿠키커터, 별님 달님 모양의 주먹밥 틀, 밀가루를 납작하게 펴는 방망이(밀대), 샌드위치에 콕! 꽂는 포크나 픽 등등. 요리가 즐거워지는 도구를 얼마든지 찾아볼 수 있어요.

자기가 만든 요리를 그림이나 사진으로 남겨요

요리가 완성되면 그림을 그리거나 사진을 찍게 하세요. 내가 만든 요리를 이렇게 남겨두면 두고두고 좋은 추억이 될 뿐 아니라 스스로 자부심을 느끼며 자신감을 갖게 됩니다. 이런 활동을 통해 요리가 더욱 즐거워지지요.

친구나 동생이랑 함께 해요

엄마의 도움 없이 혼자서도 제법 잘하게 되었나요? 솜씨를 뽐낼 친구나 동생이 있다면 좋겠네요. 혼자서 요리하는 것보다 친구나 동생이 함께한다면 재미있는 놀이 시간이 될 거예요. 또 함께 결과물을 만들어가면서 협동심과 남을 배려하는 마음을 기를 수 있어요.

아이들이 싫어하는 채소·과일·견과류와 친해질 수 있는 기회예요

아이가 혼자 만들 수 있는 요리는 채소나 과일을 주재료로 하는 간식이 대부분이에요. 샐러드나 주먹밥, 샌드위치, 요거트나 과일로 만드는 건강 음료 등이지요. 평소에는 밥상에 오르는 채소를 거들떠도 보지 않던 아이도 요리 놀이를 통해서라면 채소랑 친해질 수 있어요. 냉장고 속에 영양 풍부한 재료들을 준비해두면 좋겠지요?

감자

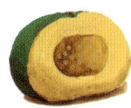

감자는 성장기 아이들에게 꼭 필요한 철분, 마그네슘, 비타민 C가 풍부하게 들어 있는 식품이에요. 탄수화물을 보충해 에너지를 만들어주기도 하지요. 칼로리는 낮고 영양소는 풍부해 간식 재료로 참 좋아요.

고구마

고구마에는 비타민 C가 듬뿍 들어 있어요. 달콤한 맛이 나기 때문에 아이들이 좋아하지요. 섬유소가 풍부해 변비를 예방하고 안토시아닌 성분은 눈을 건강하게 지켜줍니다.

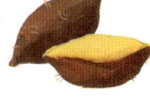

단호박

미네랄과 비타민 C, 섬유소가 풍부한 단호박은 색깔도 예쁘고 맛도 좋아요. 미네랄이나 비타민은 일부러 챙겨 먹지 않으면 놓치기 쉬운 성분이에요. 단호박과 같이 맛좋고 다양한 요리를 할 수 있는 재료를 통해 섭취하게 하세요.

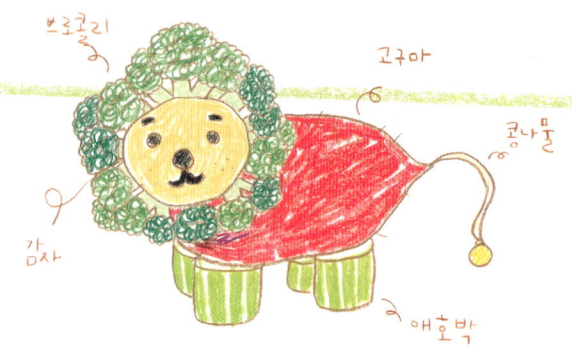

당근

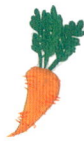

베타카로틴이 풍부하게 들어 있는 당근은 비타민 A를 보충하는 식품이에요. 눈 건강에 좋은 것은 물론, 몸을 따뜻하게 해 혈액순환을 도와주는 성질도 가지고 있어요.

시금치

채소 중에서 비타민 A가 가장 많이 함유되어 있다고 해요. 또 비타민 C와 철분, 칼슘도 풍부해 성장기 아이들에게 중요한 식품이에요. 철분과 엽산 성분은 혈액순환을 도와 빈혈을 예방하기도 합니다.

파프리카

파프리카는 대표적인 항산화 식품이에요. 유해한 환경으로부터 우리 몸을 지켜주는 든든한 채소랍니다. 비타민 C의 보고이기도 해요. 빨강, 노랑, 주황 등의 색은 보기에도 좋아 식욕을 자극해요.

토마토

토마토는 소화기능을 돕고 혈액순환을 활발하게 하는 역할을 해요. 칼로리는 낮아 비만을 예방하는 대표적인 재료이고요. 또 토마토에는 다른 채소나 과일에서 부족하기 쉬운 비타민 B가 풍부해요. 비타민 B는 스트레스를 해소시키는 역할을 한답니다.

딸기

딸기에 풍부하게 들어 있는 비타민 C는 면역력을 향상시켜
요. 안토시아닌 성분은 눈의 건강을 지켜주고요. 딸기에 가
득한 섬유소는 변비를 예방하지요. 또 체력을 증진시키는
효과도 있어 아이들에게 필요한 식품이에요.

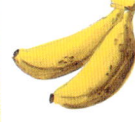

사과

사과에는 포도당과 과당이 들어 있어 피로회복에 좋은 과
일이에요. 사과의 껍질에는 항균·항산화작용에 뛰어난 성
분이 들어 있어요. 또 사과의 식이섬유는 콜레스테롤이 쌓
이는 것을 예방하고 몸 속 노폐물을 배출시키는 작용을 하
지요.

바나나

바나나는 변비를 예방하는 식품으로 유명해 섬유소만 떠
올리기 쉽지만 비타민 A와 C도 풍부하게 함유하고 있어요.
나트륨을 조절해주는 칼륨도 바나나의 대표 성분입니다.

호두

호두는 두뇌 발달에 좋은 식품이에요. 뇌의 활동을 활발하
게 해 기억력을 증진시킨답니다. 면역력도 길러주고 콜레
스테롤을 낮추는 효과도 있어요. 하루에 3알씩 꾸준히 섭
취하면 좋아요.

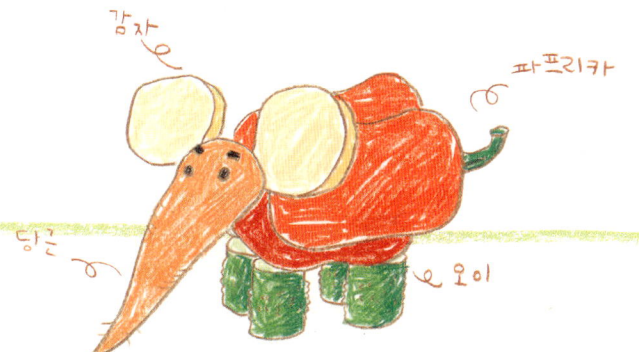

이 책에서
사용하는 조리도구를 소개할게요

아이들이 혼자서 요리할 때 안전하게 사용할 수 있고 요리를 편리하게 도와주는 도구들이에요. 너무 어렵고 전문적인 도구를 사용할 필요 없어요. 엄마가 부엌에서 자주 사용하는 도구들의 사용법을 충분히 익힌 다음 요리하도록 하세요.

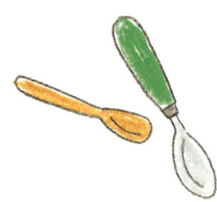

밥숟가락 또는 계량스푼

재료에서 '1큰술'을 가리키는 분량은 밥숟가락 하나를 사용하면 돼요. 계량스푼을 사용해도 좋지만 가지고 있지 않다면 어른들이 사용하는 밥숟가락으로 충분해요.

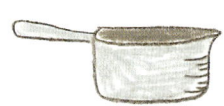

종이컵 또는 계량컵

'1컵'을 잴 때는 종이컵을 활용하세요. 계량컵의 1컵은 200㎖인데 종이컵으로 1컵이 비슷합니다. 종이컵의 크기마다 조금 다를 수 있는데, 유난히 길쭉한 모양의 종이컵 말고 일반적으로 가장 많이 사용하는 크기면 돼요.

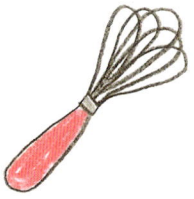

거품기

달걀을 풀거나 빵 반죽을 할 때 주로 사용해요. 크기나 소재에 따라 다양한 종류가 있어요. 엄마들은 쌀을 씻을 때도 사용한답니다.

요리저울

재료를 보면 'g'으로 표기된 것들이 있지요? 이런 것은 요리저울을 사용하세요. 저울 위에 직접 재료를 올려도 되고 그릇에 담아야 하는 재료는 그릇 무게를 빼고 계산하면 됩니다. 전자저울에는 자동으로 그릇 무게를 빼는 장치가 되어 있어요.

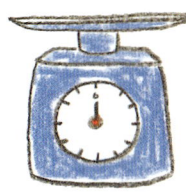

★ 플라스틱 칼(빵칼)

아이들의 요리 놀이에 빠져서는 안 될 필수 도구예요. 날카로운 부엌칼은 너무 위험하니 아이는 절대로 사용하지 않도록 하세요. 대신 제과점에서 케이크나 카스테라를 자를 때 사용하는 빵칼을 준비해주세요. 간식을 만들 때 주로 사용하는 재료들은 플라스틱 칼로도 충분히 자를 수 있어요. 부엌칼을 사용해야 하는 과정(채소 잘게 썰기 등)은 꼭 엄마가 도와주세요.

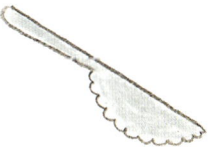

쿠키커터

밀가루반죽을 여러 가지 모양으로 찍어내는 도구예요. 쿠키를 만들거나 수제비 모양을 낼 때 사용하면 편하고 요리가 즐거워져요.

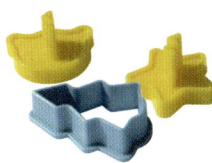

밀대

밀가루 반죽을 얇게 펴거나 견과류 등을 잘게 부술 때 사용하는 방망이에요. 밀대가 없을 때는 음료수가 들어 있는 병을 이용해도 좋아요. 요리 놀이 장난감에 포함된 나무나 플라스틱 방망이도 유용합니다.

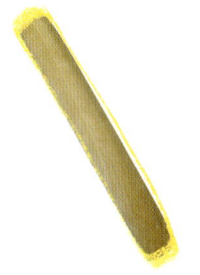

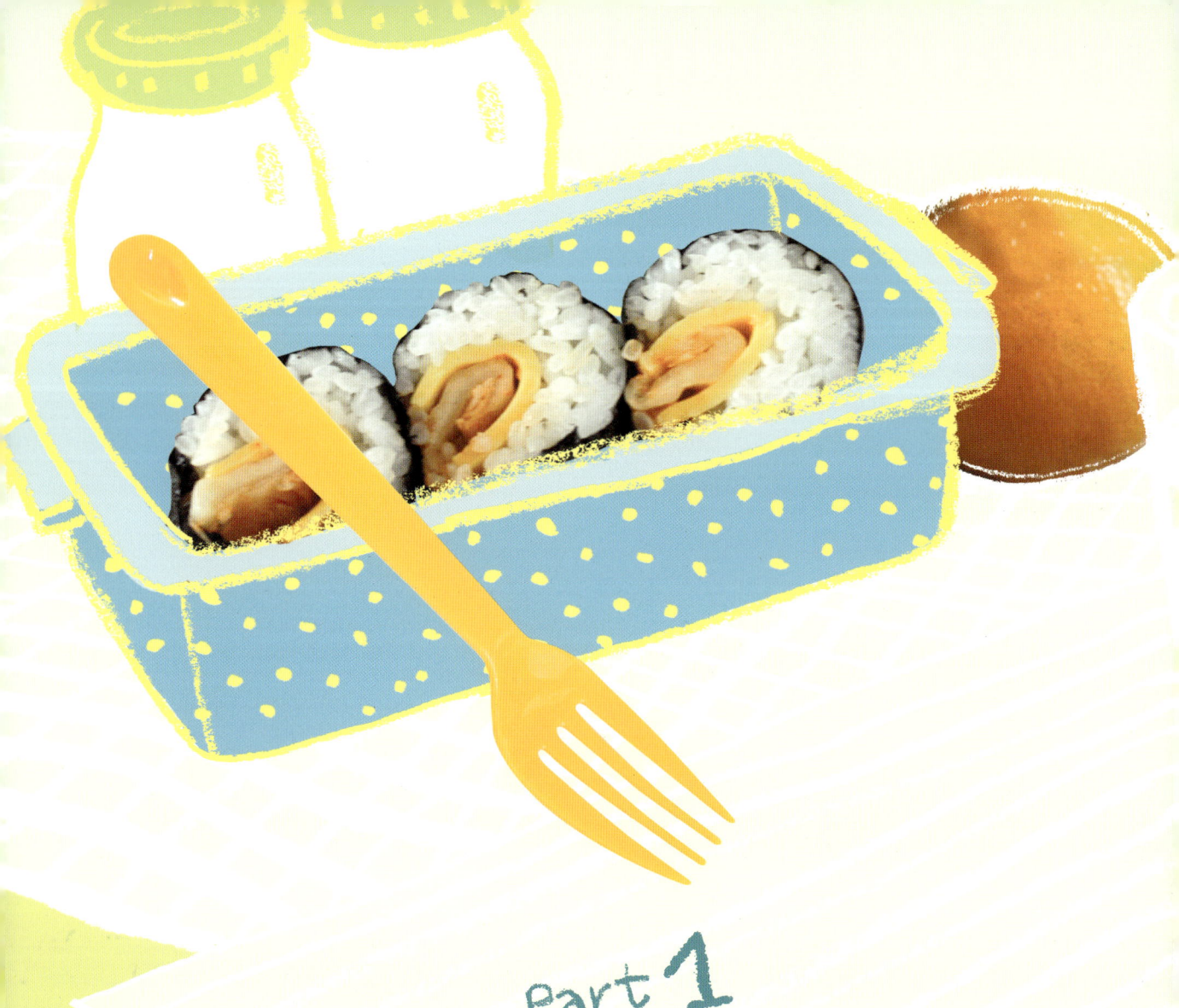

Part **1**
오늘은 내가 요리사!

엄마 없이 혼자서도 할 수 있는 요리들을 모았어요.
가스레인지나 오븐 등의 불을 사용하지 않아 안전한 것들이에요.
냉장고 속에 있는 반찬이나 남은 재료를 활용하면 간편하게 만들 수 있답니다.
샐러드나 주먹밥, 샌드위치⋯⋯.
학교에서 돌아와 출출할 때 간식으로 먹기 좋아요.
만들다보니 점점 실력이 느는 것 같은데요? 으쓱~
앗, 잠깐! 칼은 조심해야 해요.
재료를 자를 때는 반드시 플라스틱으로 만든 칼을 사용하세요!

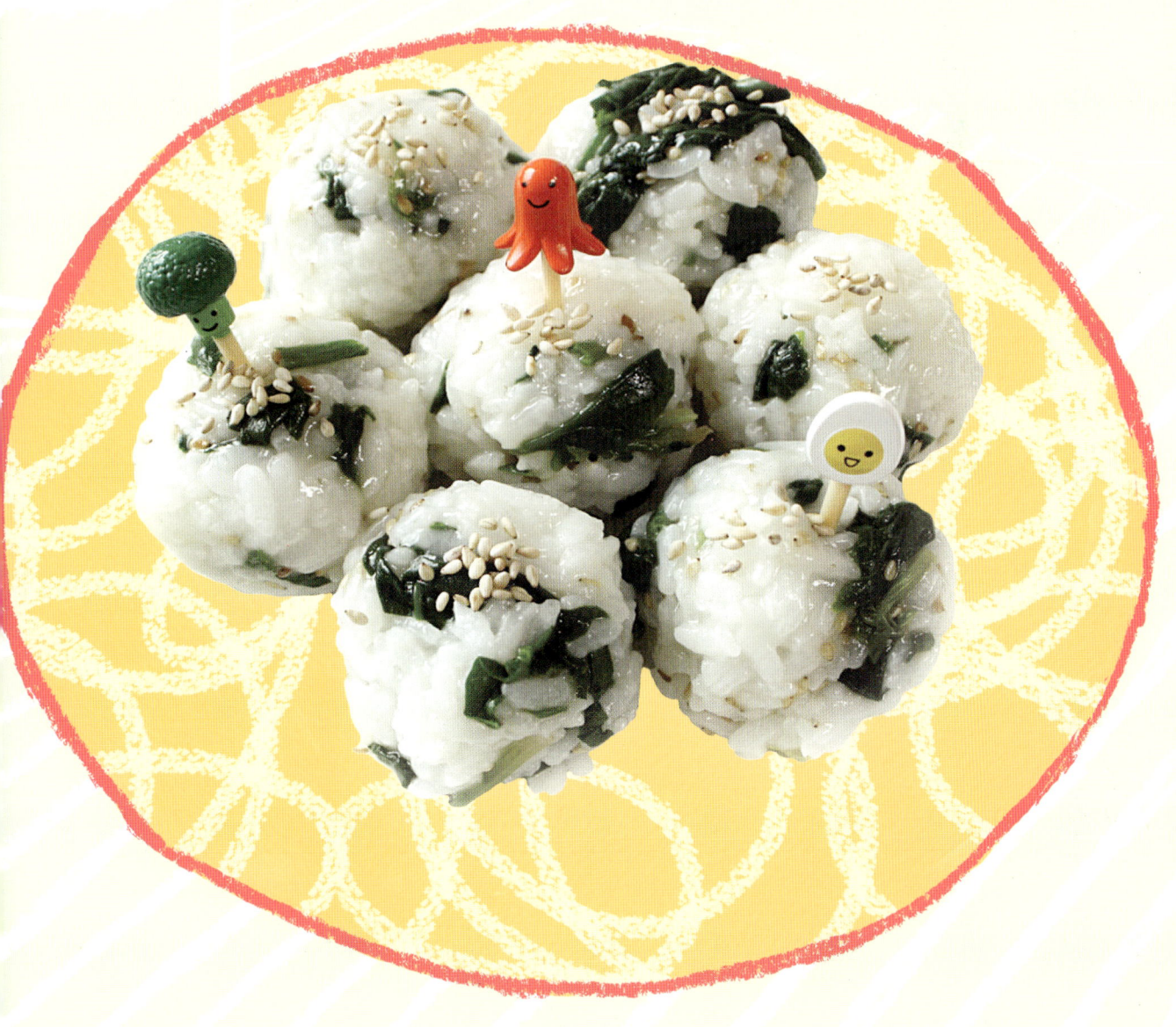

감자샐러드

엄마가 삶아두신 감자를 폭폭~ 으깨서 맛있는 샐러드를 만들어볼까요?
비타민이 듬뿍 들어 있는 파프리카와 당근도 넣어요.
감자샐러드는 한 끼 식사처럼 속이 든든한 간식이랍니다.

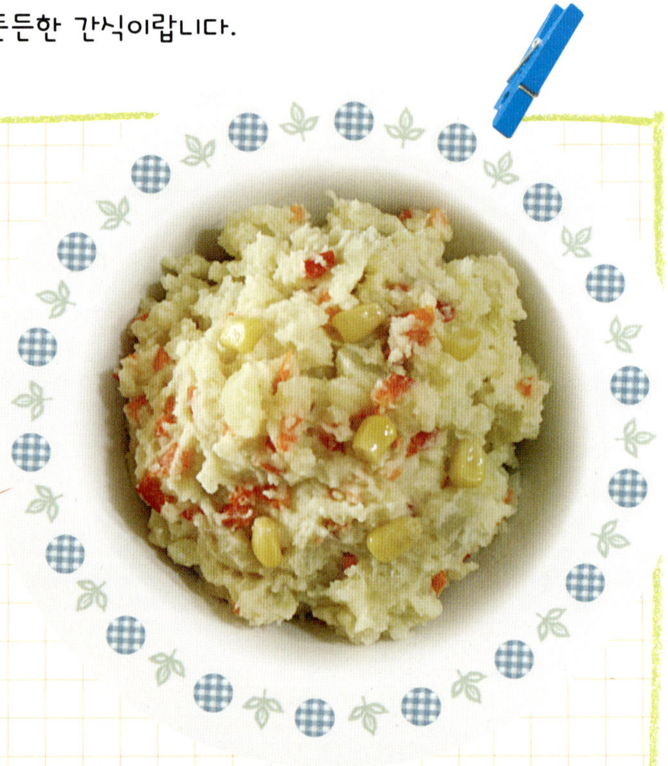

노랑
주황
빨강!

알록달록
보기도 좋네요!

준비물

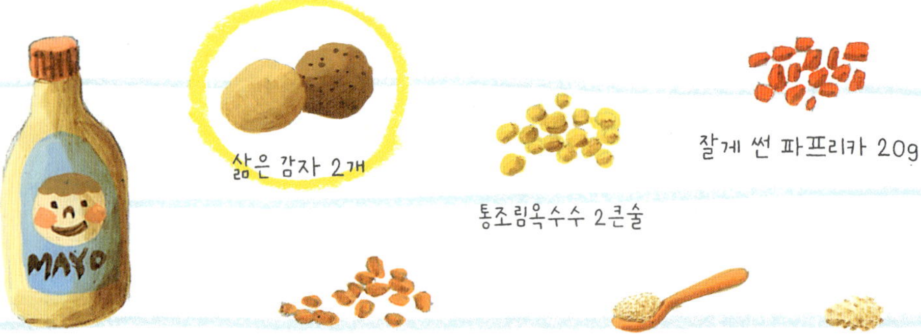

마요네즈 3큰술

삶은 감자 2개

잘게 썬 파프리카 20g

통조림옥수수 2큰술

잘게 썬 당근 20g

설탕 3큰술

소금 1작은술

요리해요

1 엄마가 삶아놓은 감자는 껍질을 벗긴 다음 큼직한 볼에 넣고 으깨요.

tip

숟가락이나 포크로 으깨도 되고, 비닐장갑을 낀 다음 손으로 주물 러 가며 으깨면 더 쉬워요!

잠깐!

채소를 잘게 자르는 건 아직 어렵고 위험한 일이니 엄마가 미리 준비해주세요!

2 으깬 감자에 마요네즈, 설탕, 소금을 넣어 간을 맞추고 옥수수, 파프리카, 당근도 넣어 섞어요.

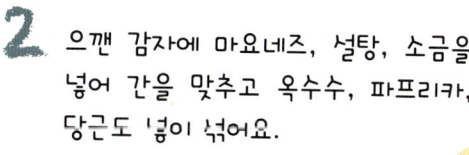

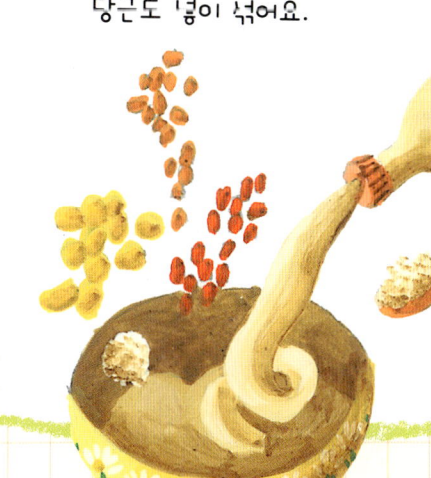

3 골고루 잘 버무렸으면 그릇에 담아 맛있게 먹어요.

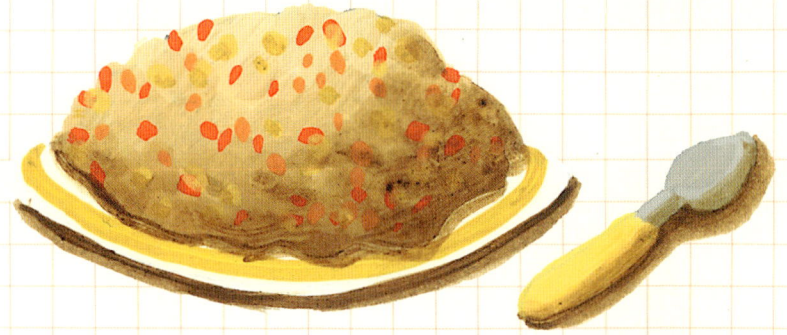

단호박버무리

단호박에 요거트를 넣고 섞으면 빵에 바르는 스프레드처럼 부드~러워져요.
다진 호두와 아몬드도 단호박에 버무리니 훨씬 맛있게 먹을 수 있어요.
편식하지 않고 골고루 먹으면 몸이 튼튼해져요.

준비물

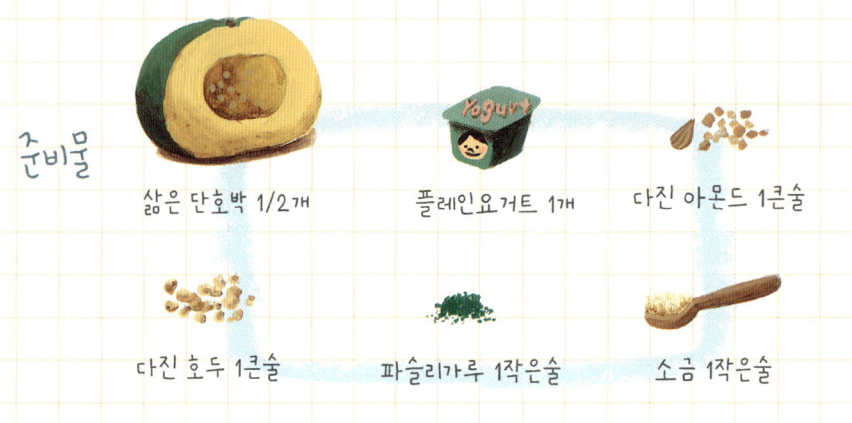

삶은 단호박 1/2개   플레인요거트 1개   다진 아몬드 1큰술

다진 호두 1큰술   파슬리가루 1작은술   소금 1작은술

요리해요

1 삶은 단호박은 껍질째 플라스틱 칼(빵칼)로 큼직큼직하게 잘라요.

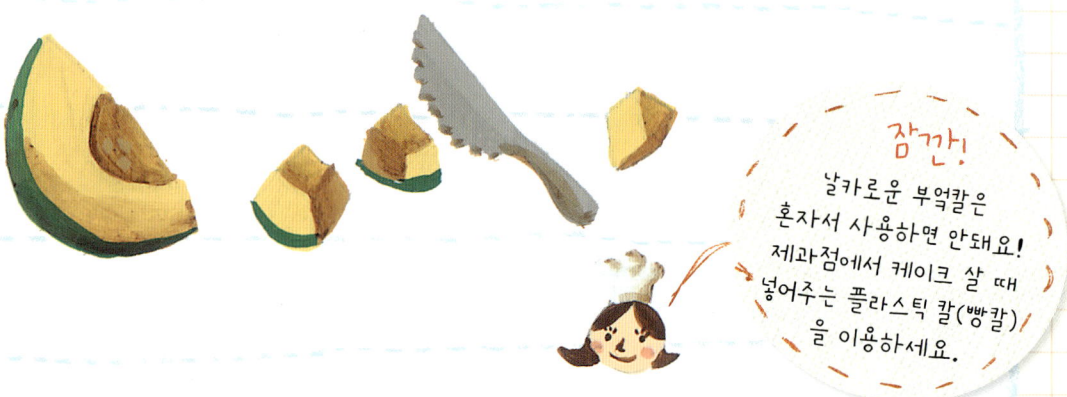

잠깐!
날카로운 부엌칼은
혼자서 사용하면 안돼요!
제과점에서 케이크 살 때
넣어주는 플라스틱 칼(빵칼)
을 이용하세요.

2 큼직한 볼에 단호박, 다진 호두와 아몬드, 플레인요거트, 소금을 넣고 버무리세요.

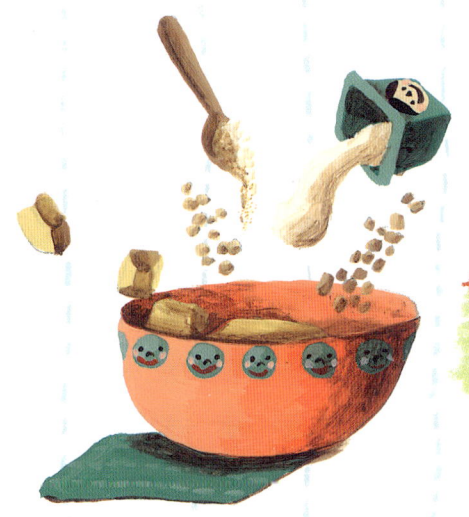

tip

좀 더 달콤하게 먹고 싶다면
꿀을 1큰술 넣으면 돼요.

3 버무린 것을 동그란 모양으로 빚고 파슬리가루를 솔솔~
뿌리면 끝이랍니다!

동글~ 동글~

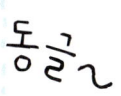
손바닥에 놓고 굴리면서
감촉을 느껴보세요!

응용해보세요!

단호박버무리 반죽으로 작은 호박 모양을 만들 수 있어요. 반죽을
동그랗게 만든 다음 젓가락을 이용해 옆면을 살짝 살짝 눌러가며
모양을 잡아요. 맛도 모양도 최고예요!

1   2

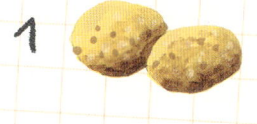

3

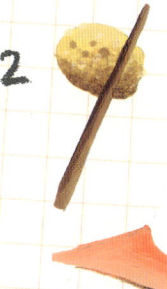

냠냠!

엄마 아빠가 시골에 다녀오시는 날이면 언제나 양손 가득 채소를 들고 오셨어요.
할머니가 정성껏 기르신 채소들이죠.

우와~ 오이, 호박, 배추, 감자…….
이번에는 유난히 더 많은데요?
흠, 흠,
요것들로 무슨 요리를 해볼까요?

채소들을 쫑쫑 다져 볶음밥도 만들고,
볶음밥을 동그랗게 뭉쳐 주먹밥도 만들어야겠어요.
감자는 풀~ 풀 김나게 삶아 샐러드를 만들 거예요.
또, 음...? 그게 뭐였더라? 엄마가 만들어주셨던 건데,
아! 단호박버무리!
단호박 삶는 건 엄마의 도움을 좀 받아야겠네요.

엄마랑 아빠가 재료를 가져오셨어요.

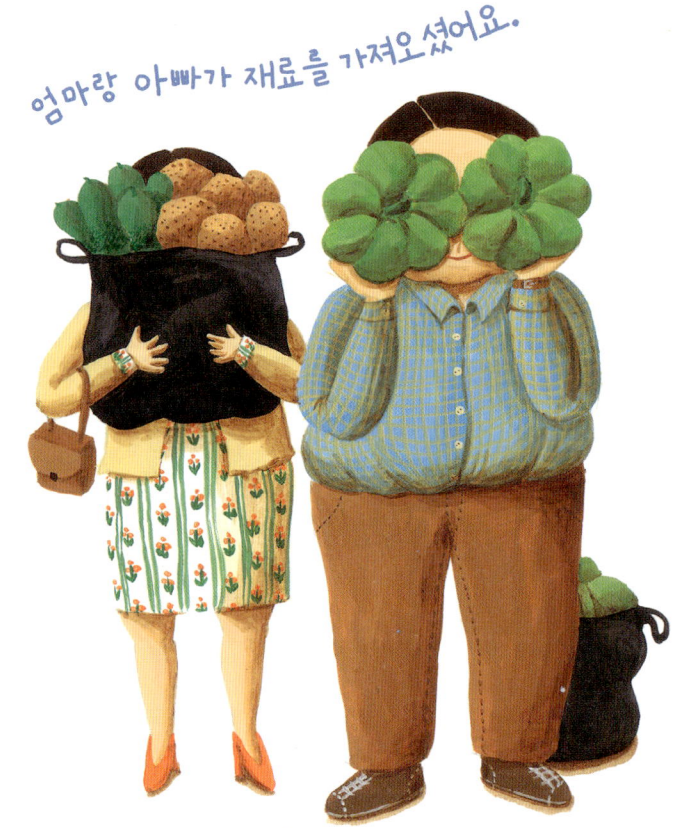

채소듬뿍주먹밥

오늘은 어제 먹고 남은 볶음밥만 있으면 돼요!
볶음밥을 동글동글 귀여운 주먹밥으로 변신시킬 거예요.
엄마도 깜짝 놀랄 만한 아이디어죠?

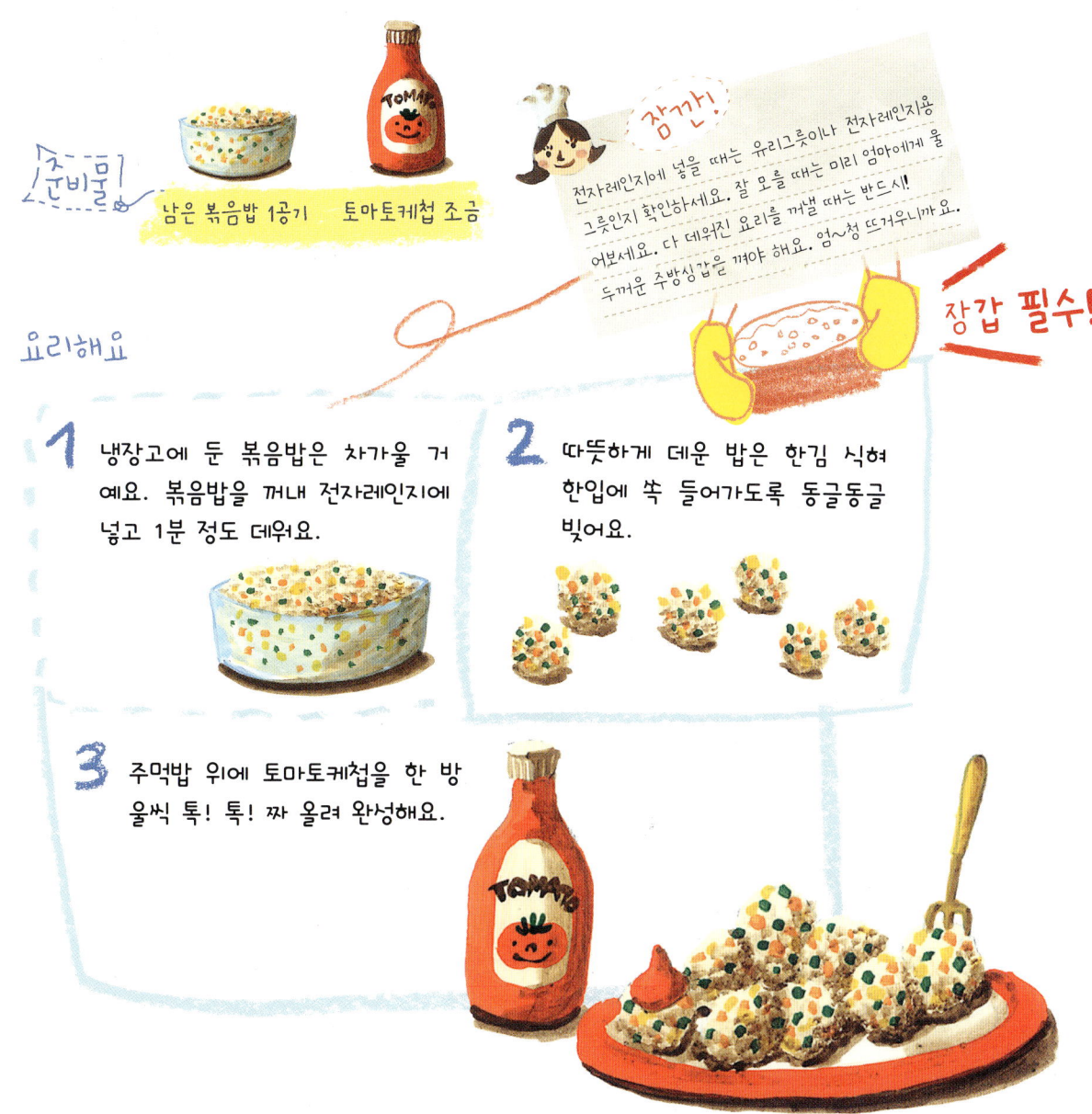

준비물

남은 볶음밥 1공기   토마토케첩 조금

잠깐!

전자레인지에 넣을 때는 유리그릇이나 전자레인지용
그릇인지 확인하세요. 잘 모를 때는 미리 엄마에게 물
어보세요. 다 데워진 요리를 꺼낼 때는 반드시!
두꺼운 주방장갑을 껴야 해요. 엄~청 뜨거우니까요.

장갑 필수!

요리해요

1 냉장고에 둔 볶음밥은 차가울 거
예요. 볶음밥을 꺼내 전자레인지에
넣고 1분 정도 데워요.

2 따뜻하게 데운 밥은 한김 식혀
한입에 쏙 들어가도록 동글동글
빚어요.

3 주먹밥 위에 토마토케첩을 한 방
울씩 톡! 톡! 짜 올려 완성해요.

스팸주먹밥

스팸은 캔 하나를 한 번에 다 먹기가 어렵지요.
남은 스팸을 맛있게 먹는 방법을 알려드릴게요.
스팸을 도톰하게 잘라 밥 위에 올려 먹는 거예요.
마치 생선초밥처럼요!

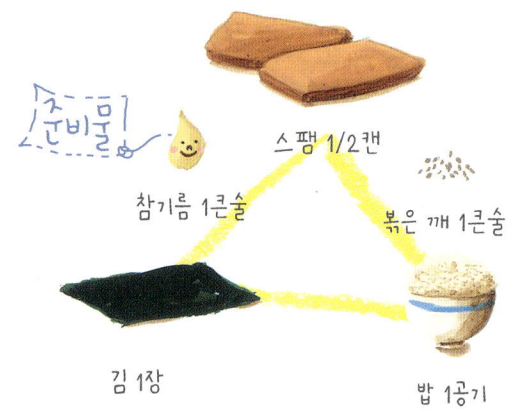

준비물
스팸 1/2캔
참기름 1큰술
볶은 깨 1큰술
김 1장
밥 1공기

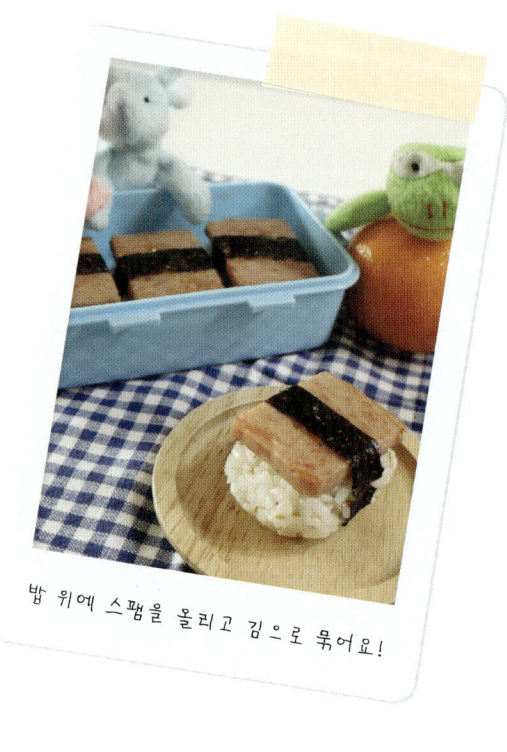

밥 위에 스팸을 올리고 김으로 묶어요!

요리해요

1 큼직한 볼에 밥과 참기름, 볶은 깨를
넣고 조물조물 섞어요.

2 스팸을 도톰한 두께로 잘라 전자레인지에
넣고 30초만 돌려요. 밥도 스팸 크기를 생
각해 적당한 크기로 뭉쳐요. 그런 다음 밥
위에 스팸을 살포시 얹어요.

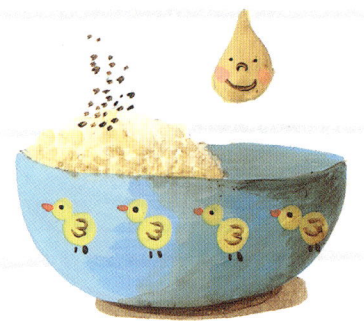

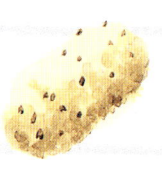

3 김을 길쭉하게 잘라서 밥과 스팸을 한꺼번에 감싸 마무리하세요.

tip
김 끝에 밥풀 하나를 올려놓
으면 김이 풀어지지 않고 잘
붙어 있어요.

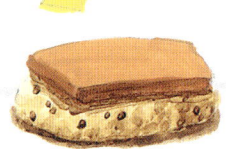

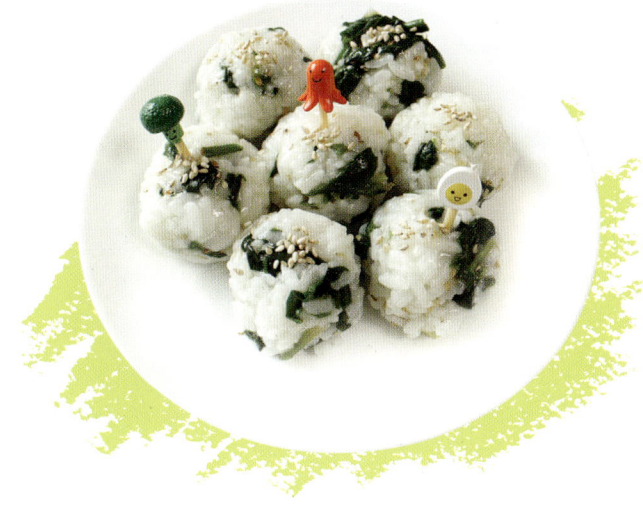

시금치주먹밥

평소 시금치 반찬을 싫어하는 어린이도
맛있게 먹을 수 있는 메뉴예요.
냉장고에 있는 시금치무침을 꺼내 밥이랑
참기름을 넣고 비벼주세요. 새콤한 맛에
고소한 향이 곁들여져 입맛 도는 핑거
푸드가 완성됩니다!

준비물

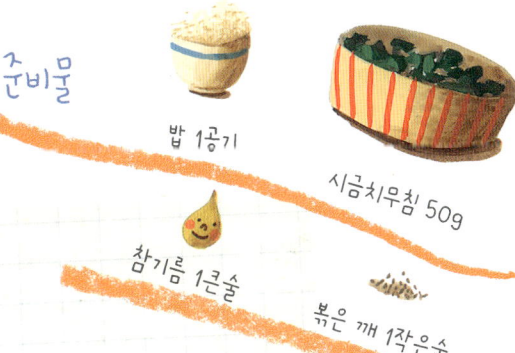

밥 1공기

시금치무침 50g

참기름 1큰술

볶은 깨 1작은술

요리해요

1 냉장고에서 시금치무침을 꺼내서 손으로 잘게 찢어요.

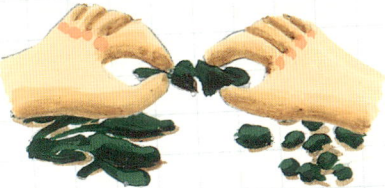

어때요? 질기지는 않은가요?
잘게~ 잘게~ 찢어보세요!

2 큼직한 볼에 찢어놓은 시금치와 밥, 볶은 깨,
참기름을 넣고 조물조물 주물러요.

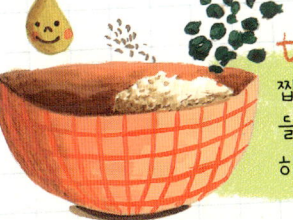

tip
짭조름한 시금치무침이
들어가니 소금 간은 따로
하지 않아도 돼요!

3 적당한 양을 떼어 손으로 동글동글 빚어 먹기 좋은 크기로 만들어요.

27

참치마요주먹밥

마트나 편의점, 분식집 등에서 파는 삼각형 김밥을 본 적 있나요?
그 중에서 가장 인기 있는 메뉴가 참치마요김밥이에요.
오늘은 그 메뉴를 응용해 주먹밥을 만들어볼게요.
김가루에 데구르르~ 굴리는 것이 포인트!

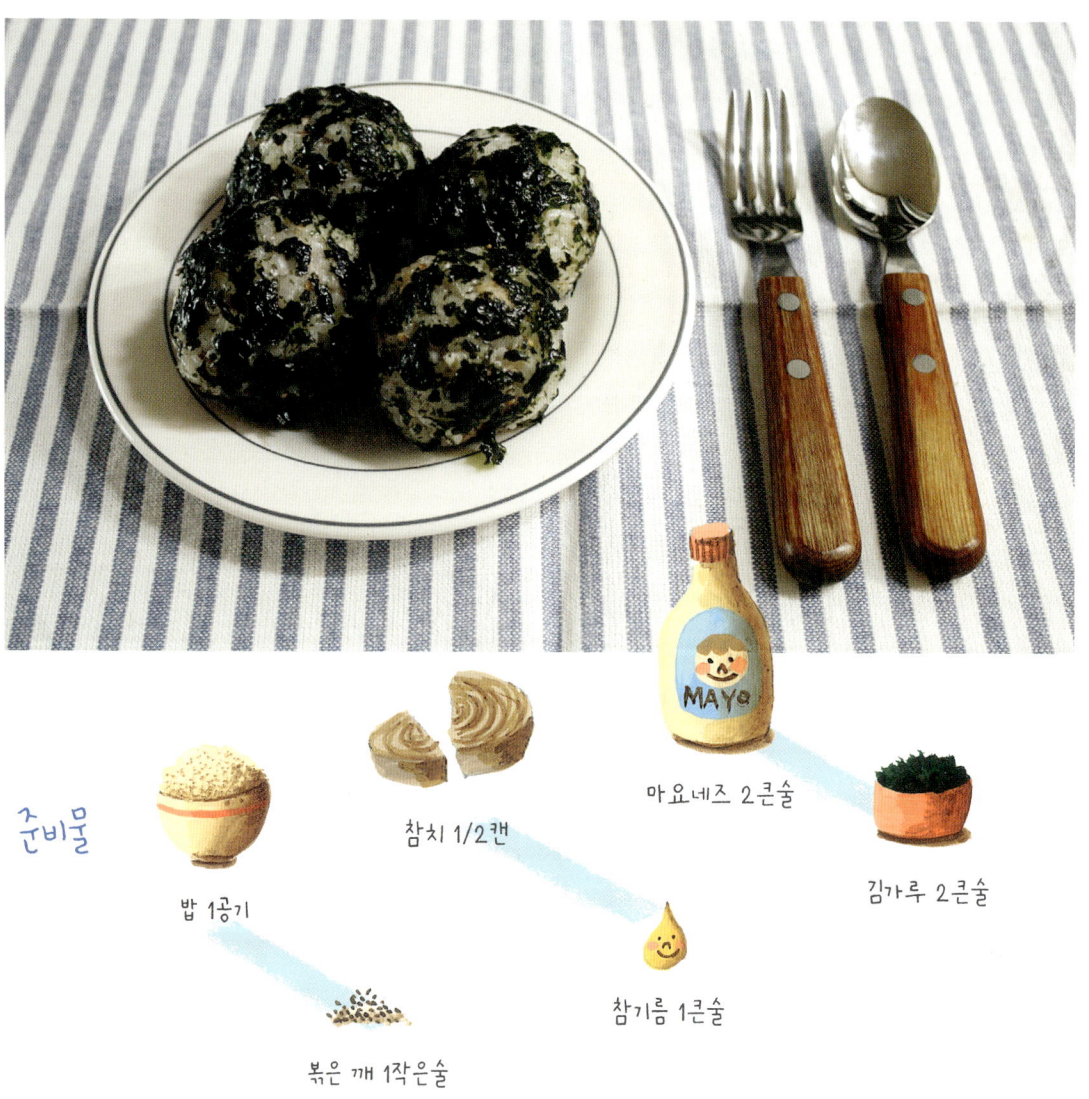

준비물

밥 1공기

참치 1/2캔

마요네즈 2큰술

김가루 2큰술

참기름 1큰술

볶은 깨 1작은술

1 큼직한 볼에 밥과 참치, 참기름,
볶은 깨를 넣고 마요네즈를 2큰술
만큼 풐~ 짜서 넣은 다음 손으로
골고루 섞어요.

2 잘 섞은 밥은 주먹 크기로
동그랗게 빚어요.

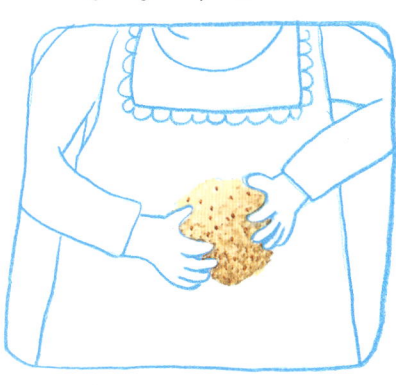

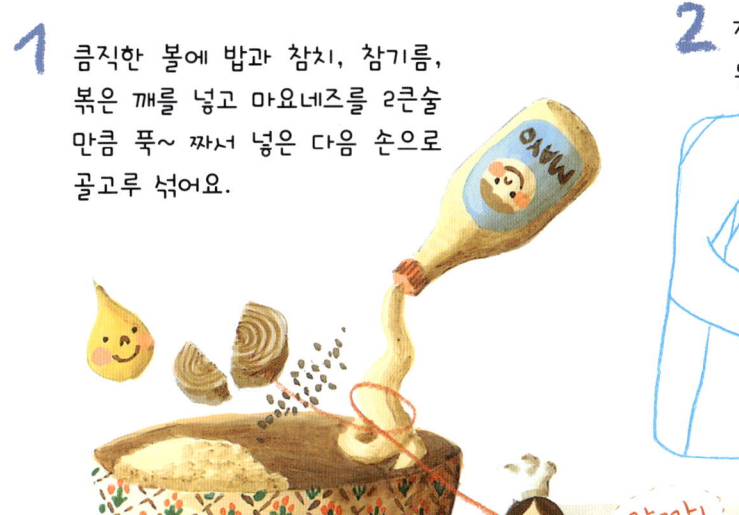

잠깐!

참치 캔은 반드시 엄마가 열어주셔야 해요.
뚜껑 테두리가 굉장히 날카로워 손을 벨 수 있거든요.
엄마가 참치만 미리 보관용기에 덜어두세요.

3 접시에 김가루를 부어놓고 동그란 주먹밥을 데구르르
굴려 김 옷을 입히면 끝!

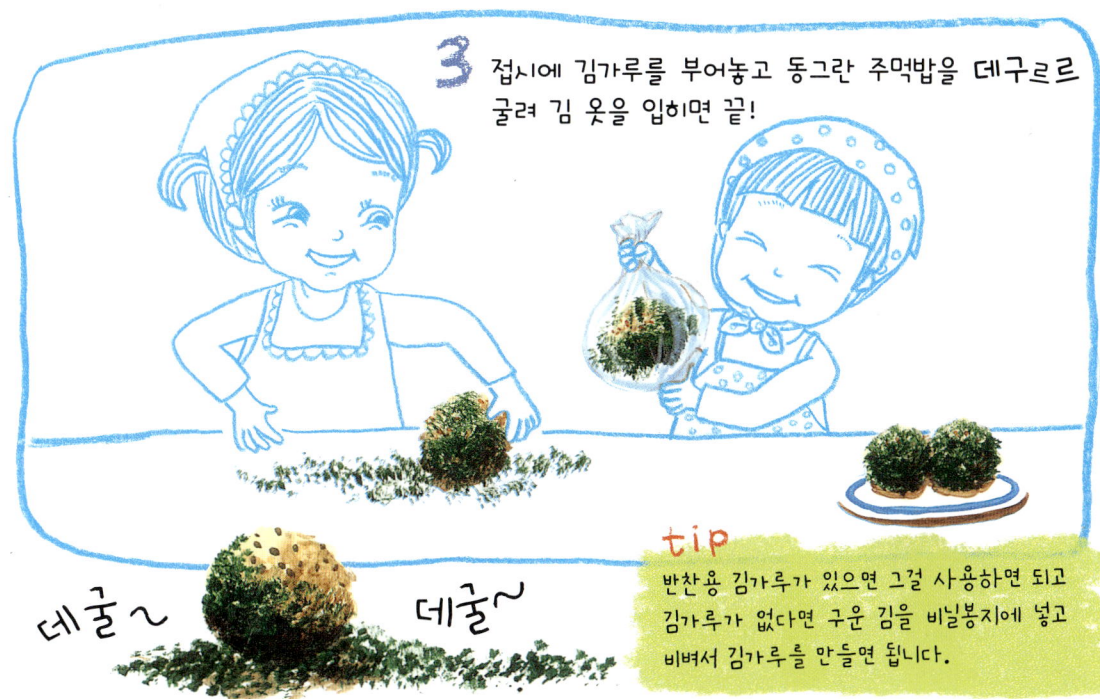

데굴~   데굴~

tip
반찬용 김가루가 있으면 그걸 사용하면 되고
김가루가 없다면 구운 김을 비닐봉지에 넣고
비벼서 김가루를 만들면 됩니다.

호두멸치주먹밥

머리가 똑똑해지는 호두와 뼈가 튼튼해지는 멸치가 들어간 영양주먹밥이네요.
주먹밥 하나만으로도 여러 가지 반찬을 함께 먹은 것처럼 든든하지요.
멸치볶음은 냉장고에 있는 밑반찬을 활용하면 됩니다!

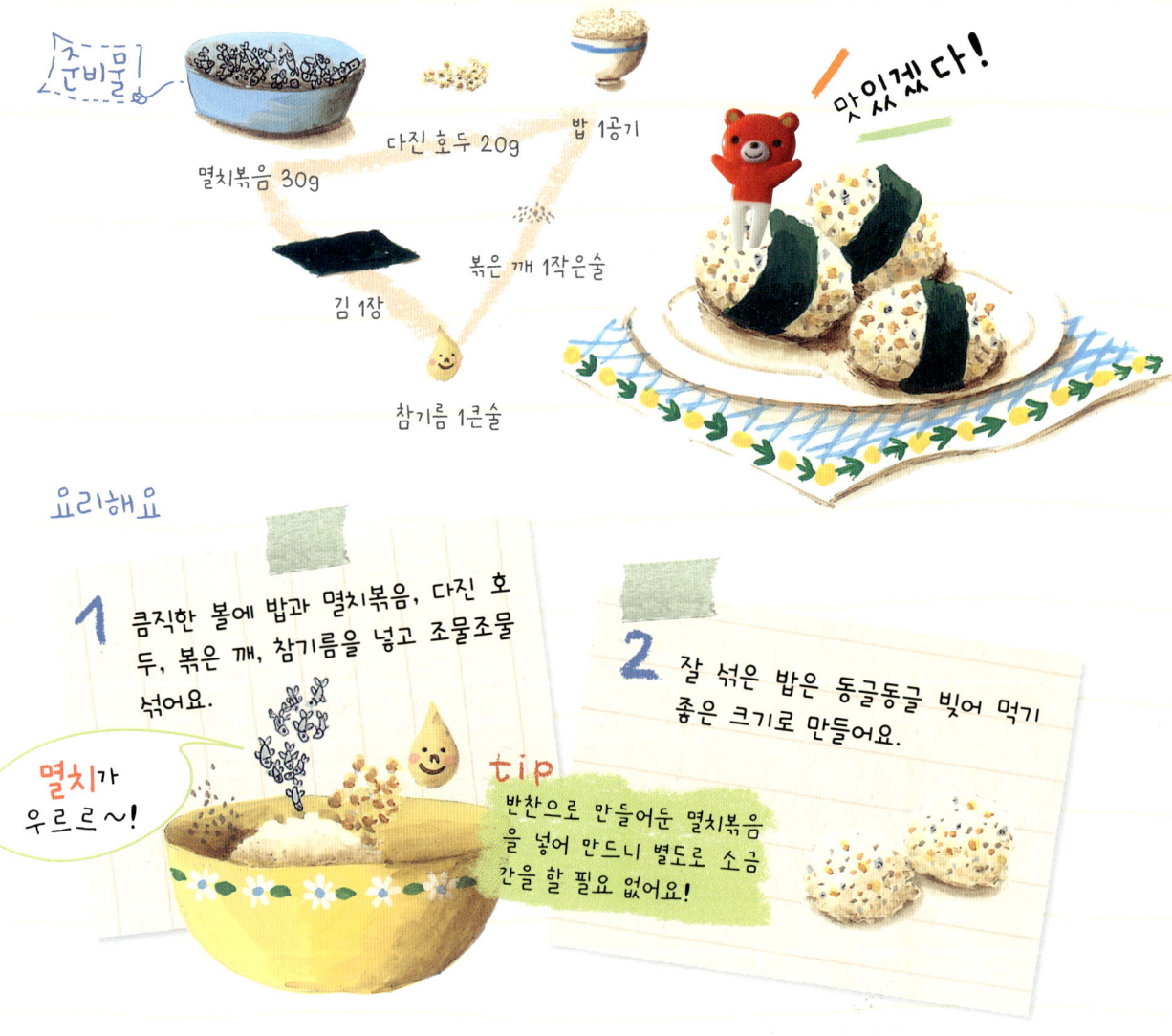

준비물

멸치볶음 30g

다진 호두 20g

밥 1공기

김 1장

볶은 깨 1작은술

참기름 1큰술

맛있겠다!

요리해요

1 큼직한 볼에 밥과 멸치볶음, 다진 호두, 볶은 깨, 참기름을 넣고 조물조물 섞어요.

멸치가 우르르~!

2 잘 섞은 밥은 동글동글 빚어 먹기 좋은 크기로 만들어요.

tip
반찬으로 만들어둔 멸치볶음을 넣어 만드니 별도로 소금 간을 할 필요 없어요!

3 동그란 주먹밥에 김으로 띠를 둘러 모양도 근사하게 완성!

카레주먹밥

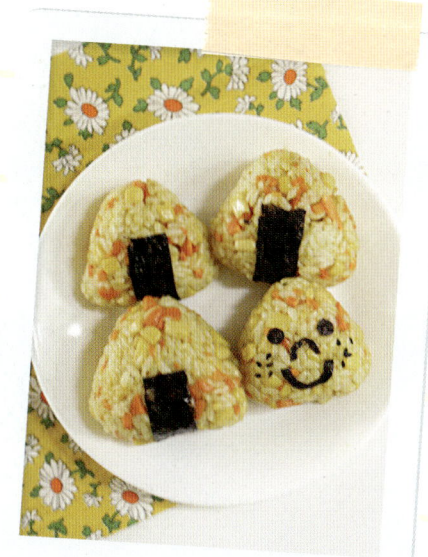

냉장고를 열어보니 카레가루와 통조림옥수수가 있네요.
음... 내가 좋아하는 카레로 어떤 요리를 만들어볼까요?
뭐니 뭐니 해도 주먹밥이 가장 간편하겠죠?
자, 그럼 이번에는 카레주먹밥에 도전!

카레의 노~란 색이 먹음직스럽죠?

요리해요

1 큼직한 볼에 밥과 카레가루, 잘게 썰어 볶은 당근,
옥수수, 참기름을 넣고 조물조물 섞어요.

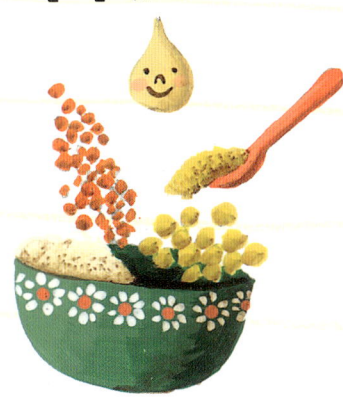

2 밥을 적당량 손바닥에 덜어 꼭꼭 눌러가며 모양을
만들어요.

마치 고무찰흙
놀이를 할 때처럼요~

3 김을 잘라 밥에 붙여 주먹밥을 완성해요.
띠처럼 두르거나 주먹밥의 표정을 만들어보세요.

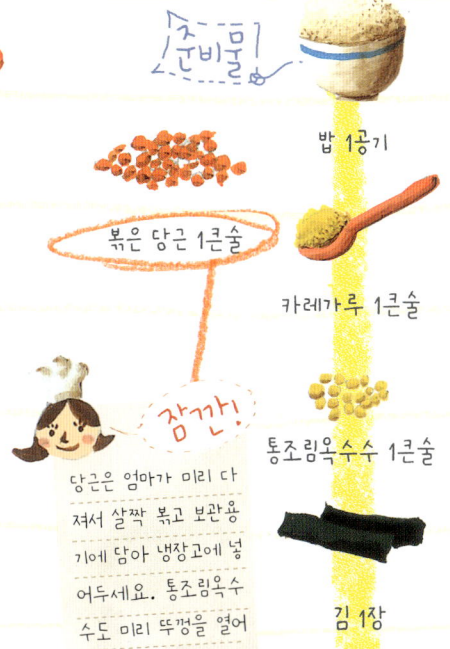

준비물

밥 1공기

볶은 당근 1큰술

카레가루 1큰술

통조림옥수수 1큰술

김 1장

참기름 1큰술

잠깐!

당근은 엄마가 미리 다
져서 살짝 볶고 보관용
기에 담아 냉장고에 넣
어두세요. 통조림옥수
수도 미리 뚜껑을 열어
보관용기에 덜어놓으면
좋아요. 캔 뚜껑이 너
무 날카로워 손을 다
칠 수 있답니다!

31

밥이랑 꽁꽁

엇! 냉장고가 텅텅 비어 있네요! 반찬이 없을 때 혼자서 요리할 수 있는 가장 쉬운 방법을 알아두세요. 밥 위에 솔솔 뿌려 먹는 '밥이랑' 한 봉지만 있으면 눈 깜짝할 사이에 주먹밥을 만들 수 있답니다. 밥이랑을 밥에 뿌려 그냥 비벼 먹는 것보다 동글동글 뭉쳐 먹으면 훨씬 간편하고 재미도 있어요.

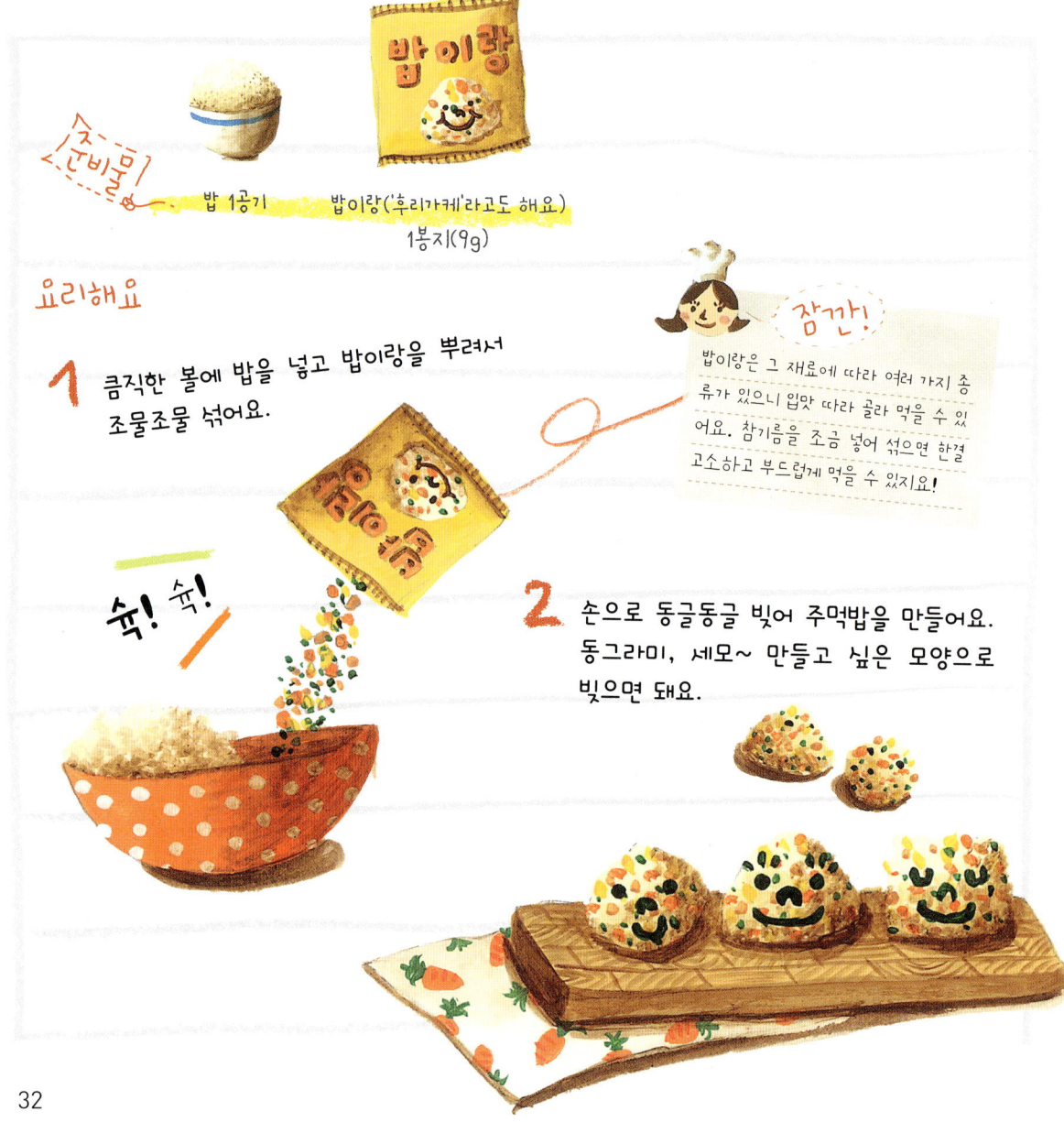

[준비물]

밥 1공기   밥이랑('후리가케'라고도 해요)
              1봉지(9g)

요리해요

1 큼직한 볼에 밥을 넣고 밥이랑을 뿌려서
  조물조물 섞어요.

잠깐!

밥이랑은 그 재료에 따라 여러 가지 종류가 있으니 입맛 따라 골라 먹을 수 있어요. 참기름을 조금 넣어 섞으면 한결 고소하고 부드럽게 먹을 수 있지요!

슉! 슉!

2 손으로 동글동글 빚어 주먹밥을 만들어요.
  동그라미, 세모~ 만들고 싶은 모양으로
  빚으면 돼요.

주먹밥을 만든다니까 동생이 자기도 거들겠대요.

둘이 앉아 열심히 주먹밥을 만들었지요.

모양도 크기도 제각각이네요. ^^

다 된 주먹밥을 접시에 담아놨는데

글쎄 이 녀석, 장난기가 발동해 주먹밥으로 기차 놀이를 하는 거예요.

ㅋㅋㅋ

어! 주먹밥을 이렇게 늘어놓고 보니 애벌레를 닮은 것 같아요!

눈코입도 붙여봤어요.

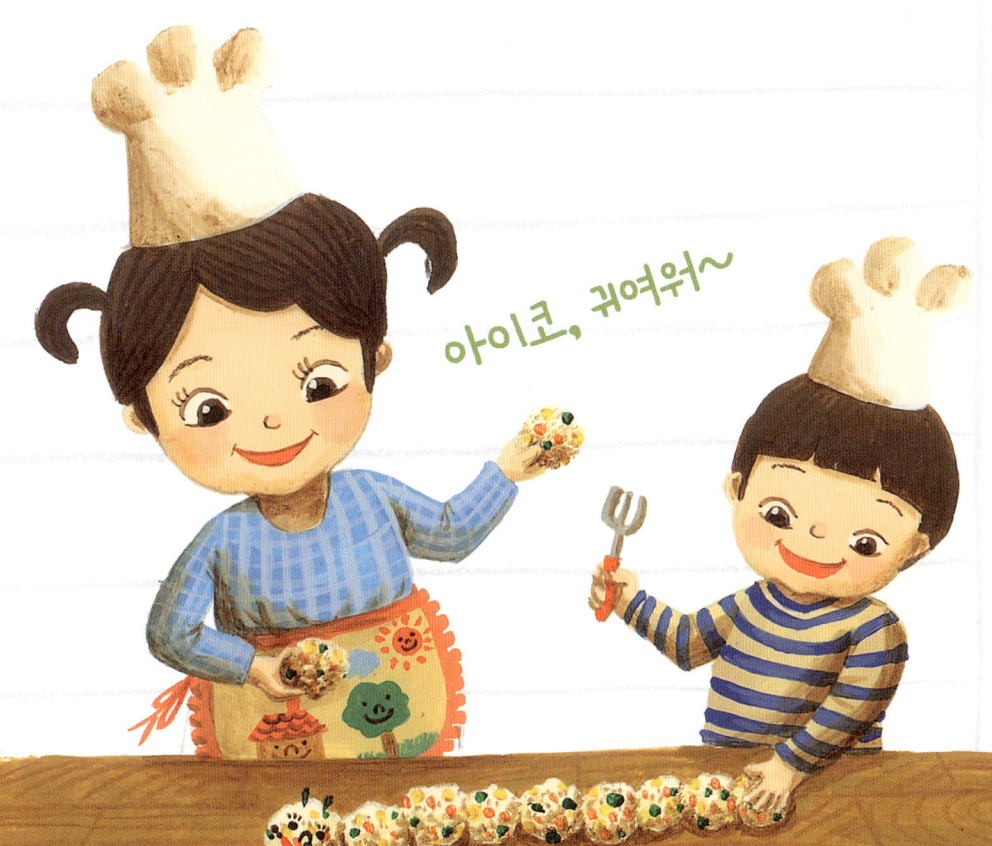

아이코, 귀여워~

치즈김치김밥

김밥 속에 햄이나 달걀 대신 김치를 넣어보세요. 매일 먹는 김치도 이렇게 하면 색다른 요리가 돼요. 김치가 너무 맵다면 물에 살짝 씻어 넣어요.

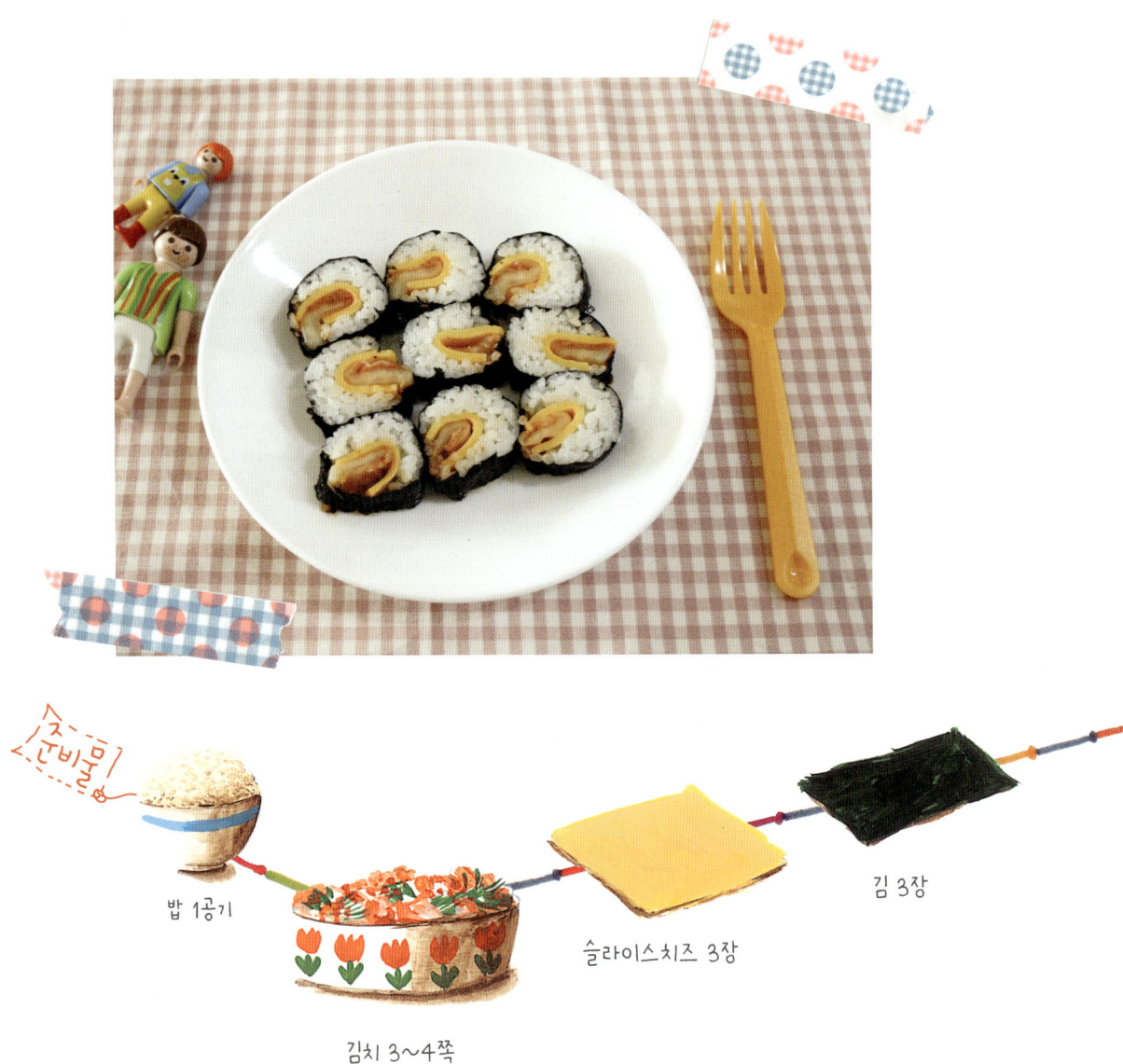

준비물

밥 1공기

김치 3~4쪽

슬라이스치즈 3장

김 3장

34

요리해요

1 냉장고에서 김치와 치즈를 꺼내요.

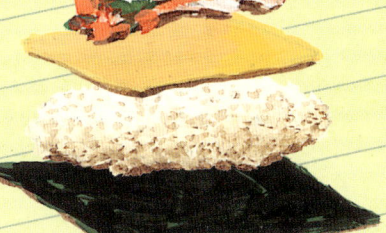

2 김 위에 밥을 골고루 펴서 올리고 그 위에
슬라이스치즈 1장을 올려요.

3 다시 그 위에 김치를 올리고 돌돌 말아주면 김밥 완성! 준비한 재료로
김밥 **3줄**을 쌀 수 있어요.

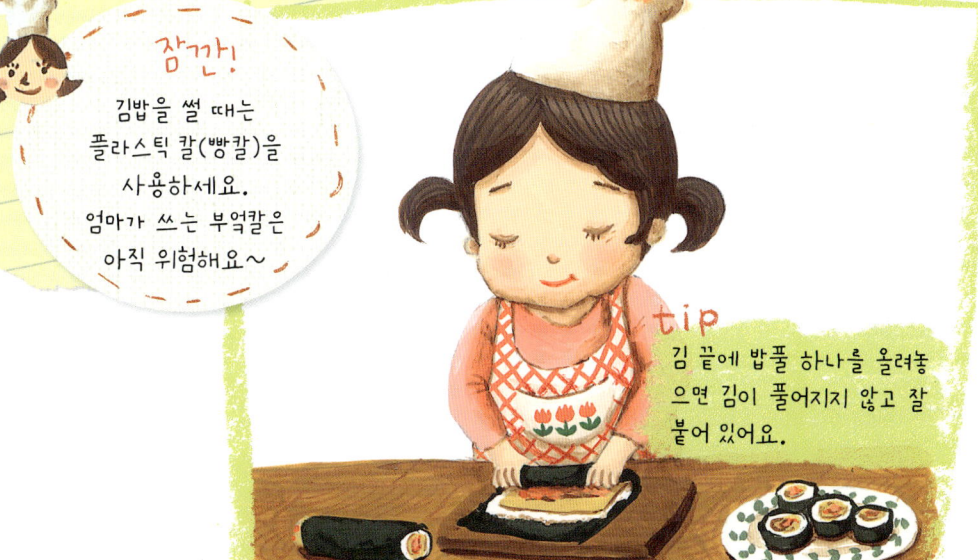

잠깐!
김밥을 썰 때는
플라스틱 칼(빵칼)을
사용하세요.
엄마가 쓰는 부엌칼은
아직 위험해요~

tip
김 끝에 밥풀 하나를 올려놓
으면 김이 풀어지지 않고 잘
붙어 있어요.

메추리알김밥

냉장고 속에 엄마의 단골 반찬 메추리알장조림이 있네요. 오늘은 메추리알김밥을 만들어
보아요. 짭조름한 메추리알을 넣어 입맛에 꼭~ 맞는 한 끼 식사가 완성됩니다!

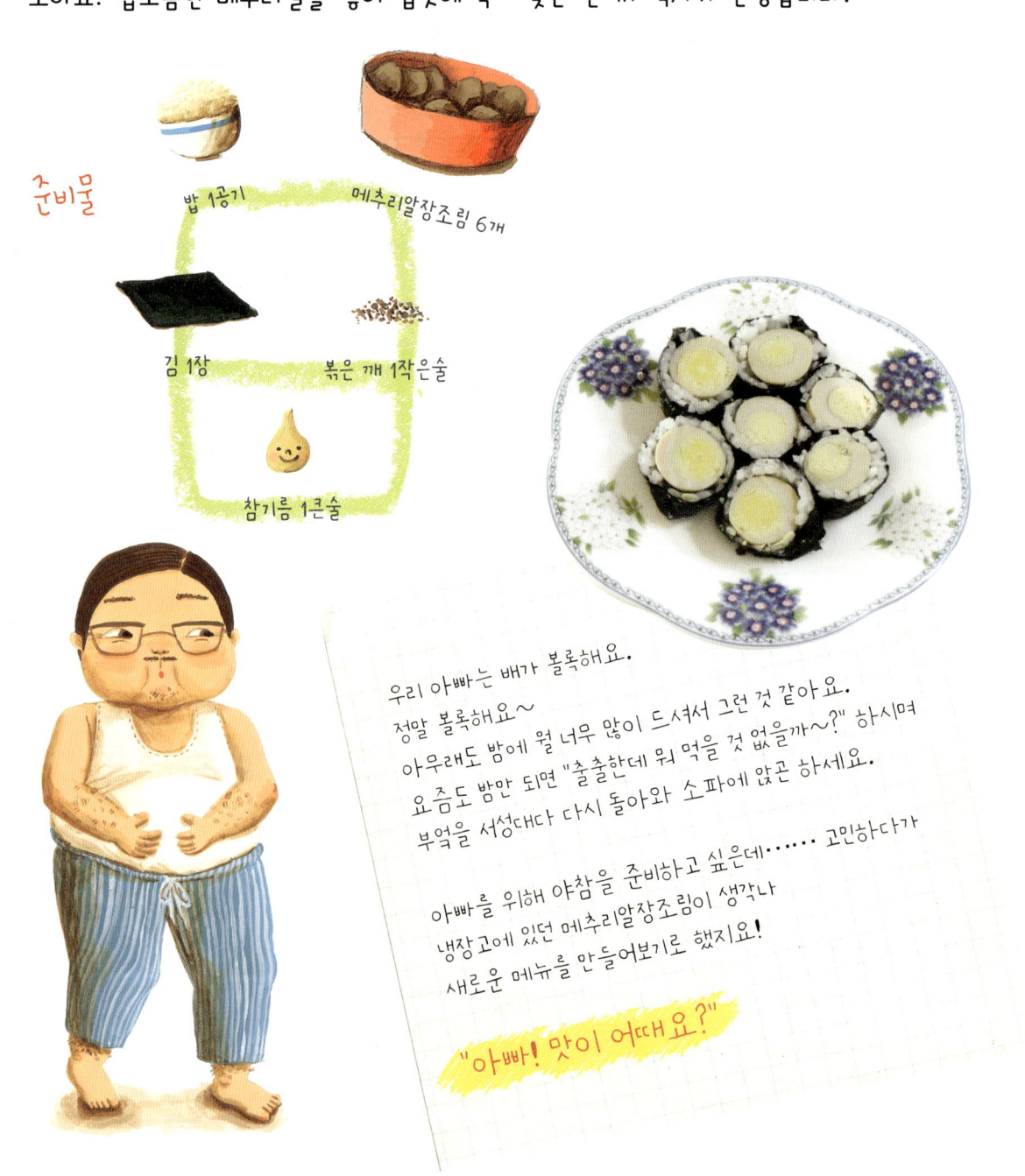

준비물

밥 1공기   메추리알장조림 6개

김 1장   볶은 깨 1작은술

참기름 1큰술

우리 아빠는 배가 볼록해요.
정말 볼록해요~
아무래도 밤에 뭘 너무 많이 드셔서 그런 것 같아요.
요즘도 밤만 되면 "출출한데 뭐 먹을 것 없을까~?" 하시며
부엌을 서성대다 다시 돌아와 소파에 앉곤 하세요.

아빠를 위해 야참을 준비하고 싶은데……고민하다가
냉장고에 있던 메추리알장조림이 생각나
새로운 메뉴를 만들어보기로 했지요!

"아빠! 맛이 어때요?"

36

1 큼직한 볼에 밥과 참기름, 복은 깨를 넣고 조물조물 섞어요.

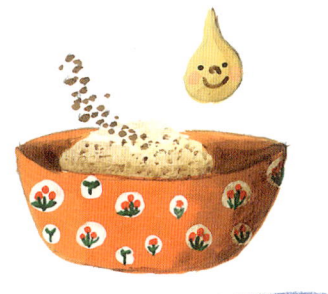

2 김 위에 밥을 골고루 펴 올리고 메추리알장조림을 일렬로 죽~ 늘어놓은 다음 김과 함께 돌돌 말아주세요.

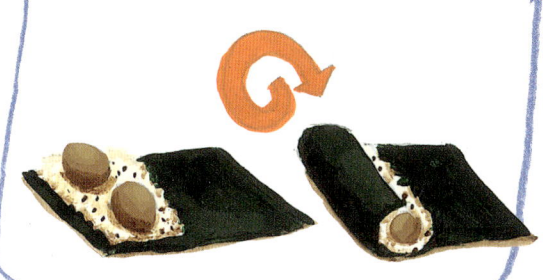

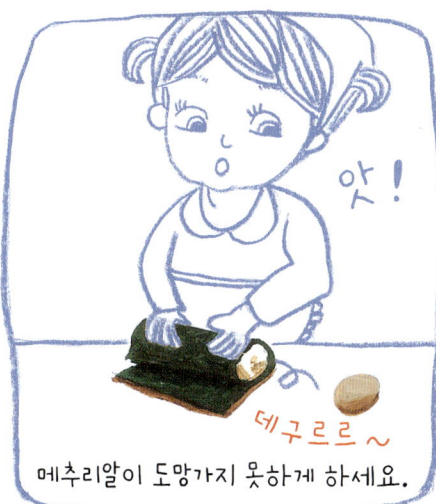

앗!

데구르르~

메추리알이 도망가지 못하게 하세요.

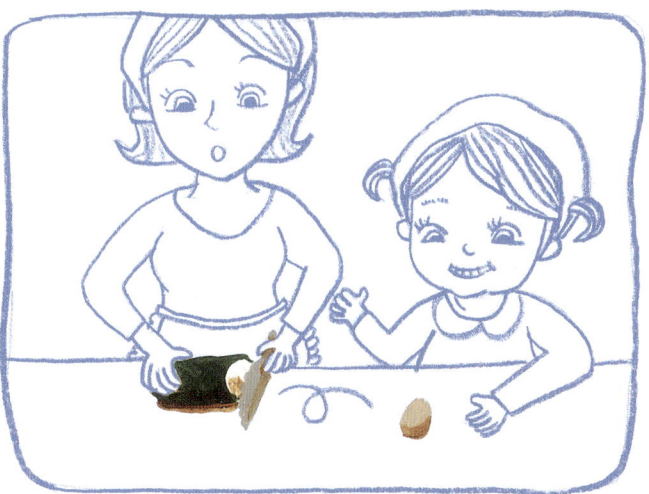

3 플라스틱 칼(빵칼)로 먹기 좋게 썰어 그릇에 예쁘게 담아요.

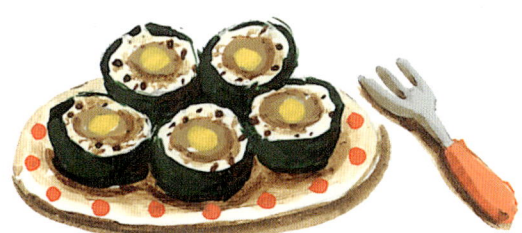

tip
메추리알이 반으로 잘릴 정도의 두께로 썰면 적당해요. 김밥을 썰어보면 메추리알의 노른자가 동그랗게 보여 모양도 예쁘답니다.

오이초밥

아삭아삭! 싱싱한 오이를 그대로 맛볼 수 있는 요리예요.
오이를 잘라 세워놓고 참치와 채소를 버무린 샐러드를 올리면 완성!
엄마는 다이어트 할 때 오이초밥을 드세요.

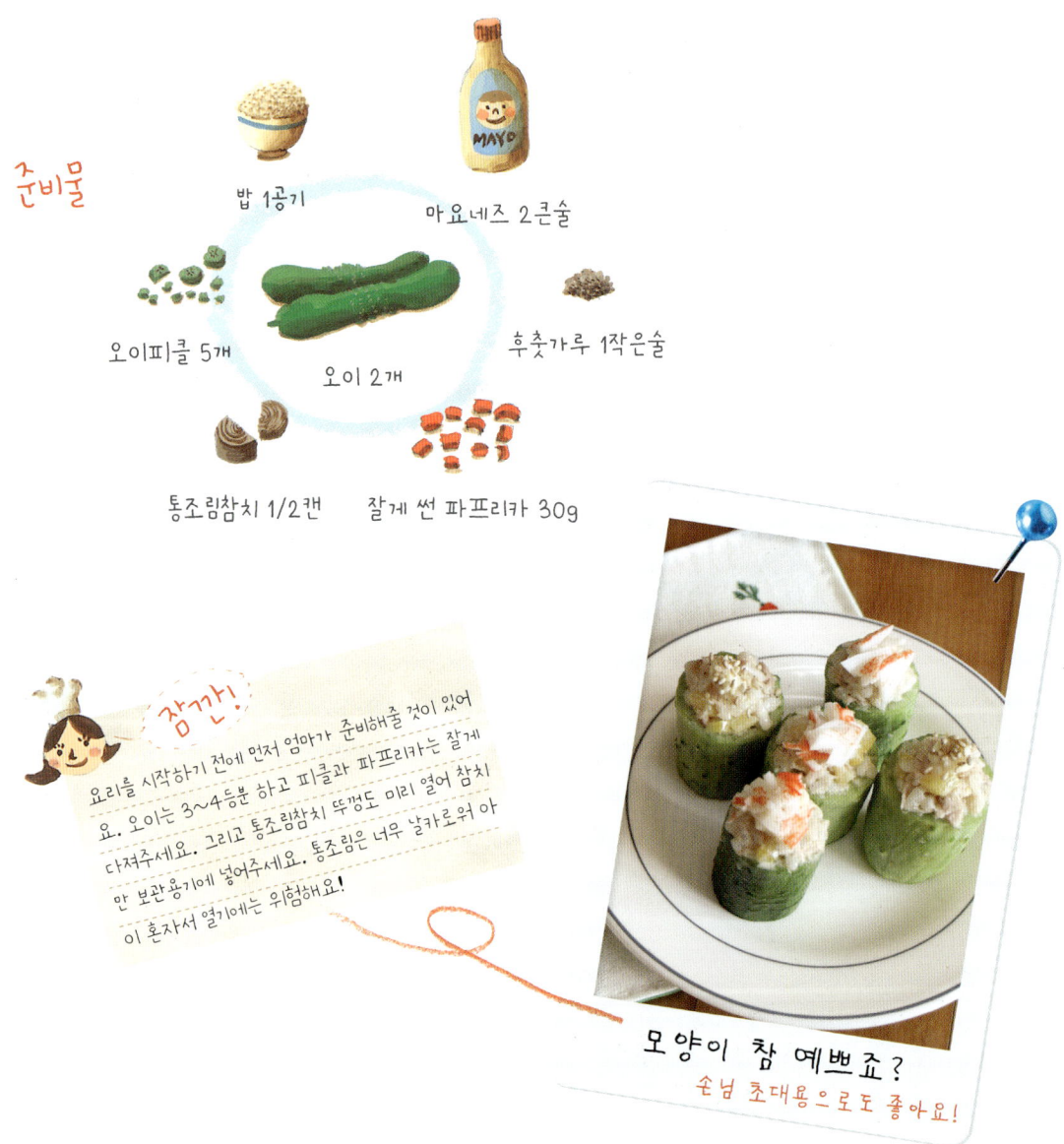

준비물

밥 1공기

마요네즈 2큰술

오이피클 5개

오이 2개

후춧가루 1작은술

통조림참치 1/2캔   잘게 썬 파프리카 30g

잠깐!

요리를 시작하기 전에 먼저 엄마가 준비해줄 것이 있어
요. 오이는 3~4등분 하고 피클과 파프리카는 잘게
다져주세요. 그리고 통조림참치 뚜껑도 미리 열어 참치
만 보관용기에 넣어주세요. 통조림은 너무 날카로워 아
이 혼자서 열기에는 위험해요!

모양이 참 예쁘죠?
손님 초대용으로도 좋아요!

38

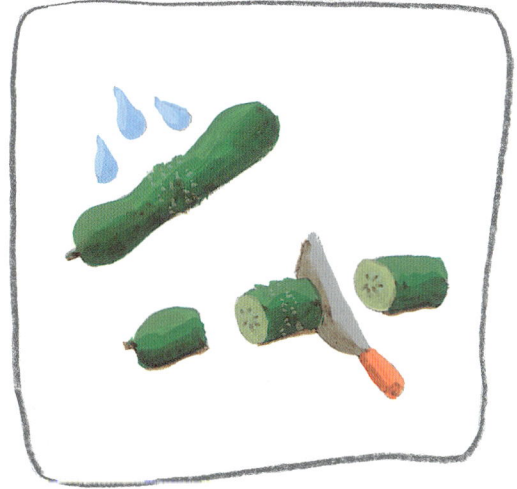

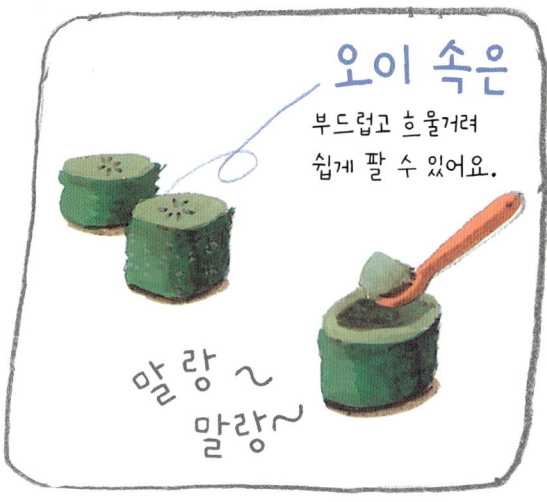

오이 속은
부드럽고 흐물거려
쉽게 팔 수 있어요.

말랑~
말랑~

1 오이는 겉면의 가시를 없애기 위해 굵소금으로 문지른 뒤 흐르는 물에 깨끗이 씻어 준비해요. 오이 길이를 3~4등분하는 과정까지는 엄마가 미리 도와주세요.

2 작은 숟가락을 이용해 오이의 속을 쏘옥 파내 그릇처럼 만들어요.

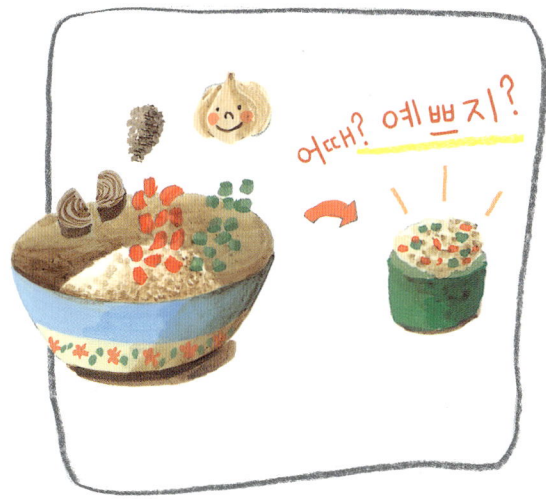

어때? 예쁘지?

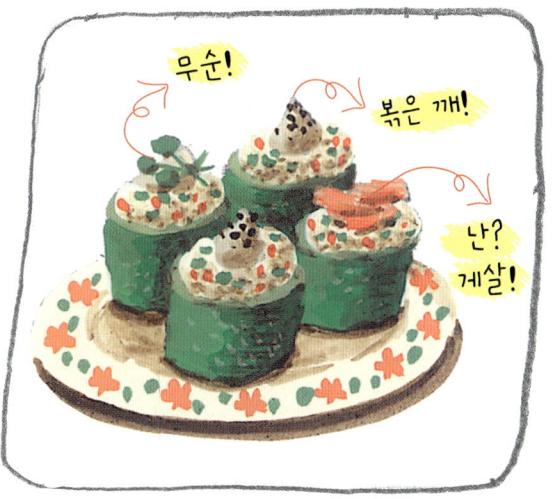

무순!

볶은 깨!

난?
게살!

3 큼직한 볼에 밥과 참치, 잘게 썬 파프리카와 피클, 마요네즈, 후춧가루를 넣고 조물조물 섞은 다음 **2**의 오이그릇에 올려요.

4 **3** 위에 마요네즈를 살짝! 요리에 좀 더 멋을 내려면 볶은 깨나 무순, 게살 등을 올려도 좋아요.

베이글샌드위치

베이글이 하나 남아 있네요? 오늘 메뉴는 근사한 샌드위치예요!
냉장고에 있는 과일과 채소, 치즈 등을 꺼내 베이글 속에 쏙~ 끼워 만들면 간단하지요.

준비물

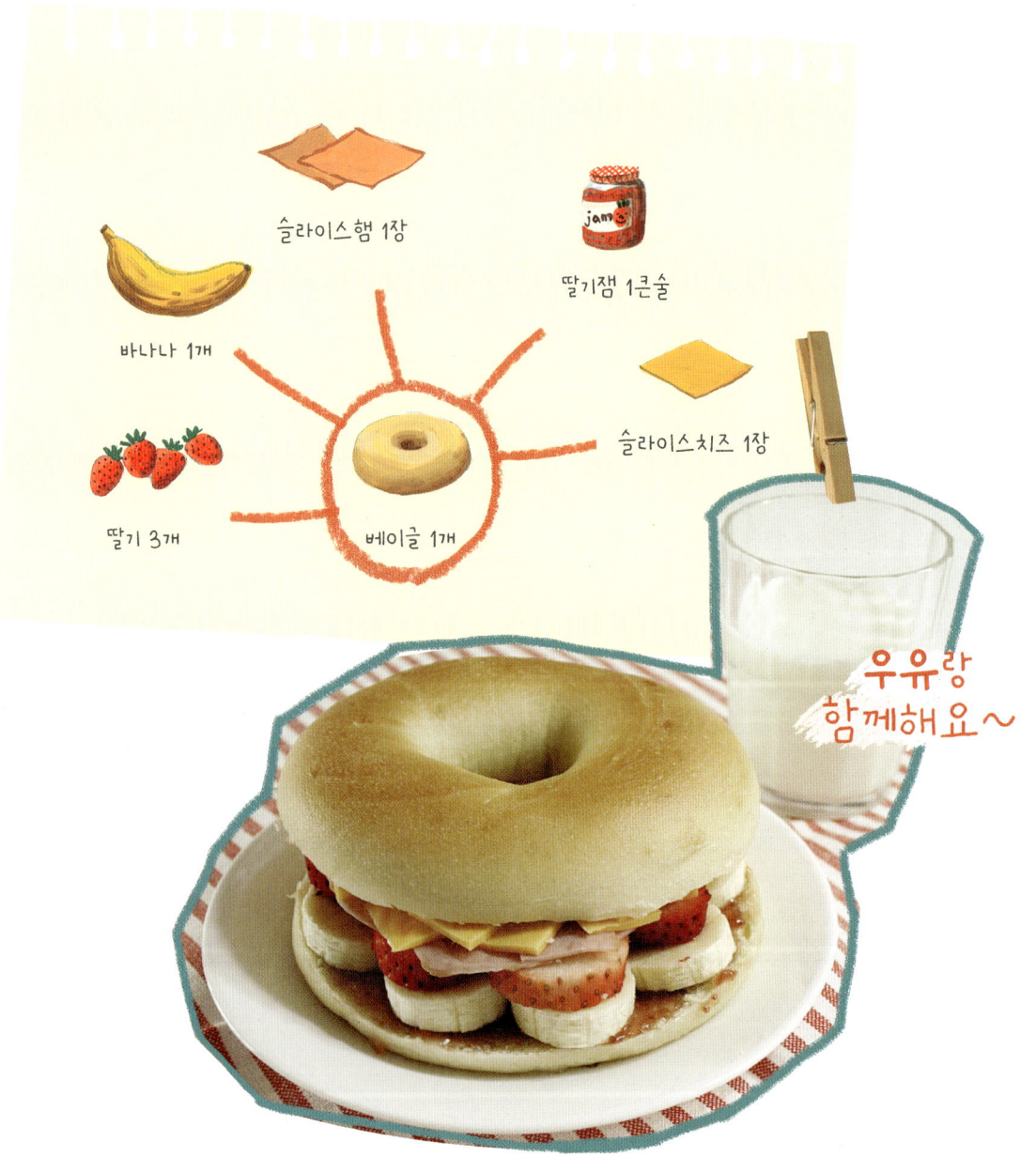

슬라이스햄 1장

딸기잼 1큰술

바나나 1개

슬라이스치즈 1장

딸기 3개

베이글 1개

우유랑
함께해요~

40

1 바나나는 껍질을 벗기고 딸기는 깨끗이 씻어 꼭지를 떼요.
그런 다음 플라스틱 칼(빵칼)로 조금 도톰하게 썰어줍니다.

2 슬라이스치즈와 햄도 조각조각 잘라요.

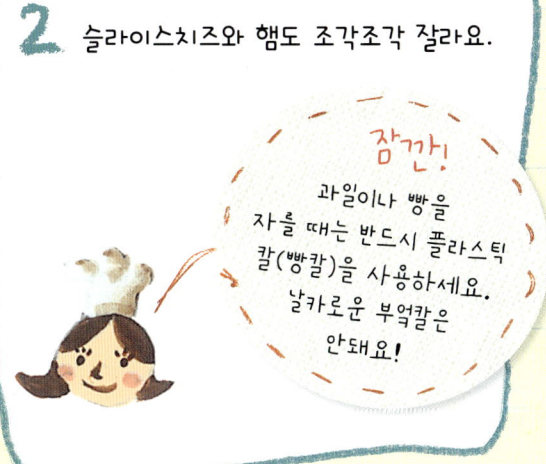

잠깐!
과일이나 빵을 자를 때는 반드시 플라스틱 칼(빵칼)을 사용하세요. 날카로운 부엌칼은 안돼요!

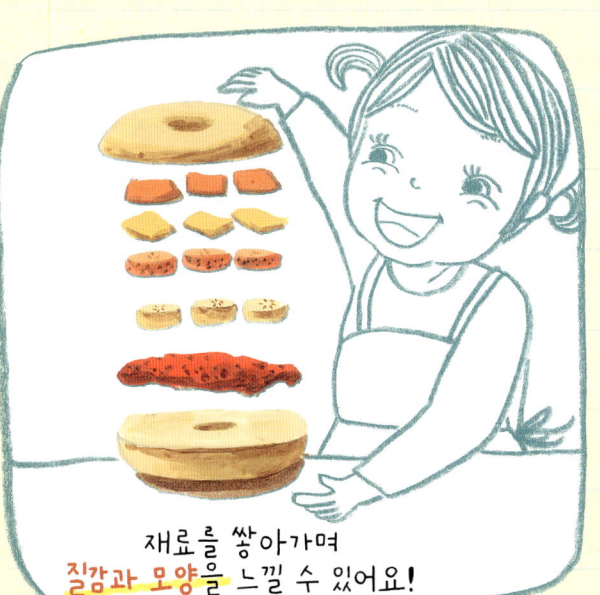

재료를 쌓아가며
질감과 모양을 느낄 수 있어요!

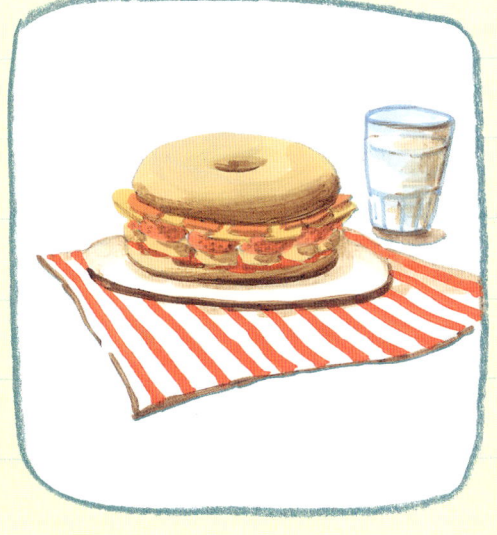

3 베이글을 플라스틱 칼(빵칼)로 살살 잘라 반으로 가른 다음 한쪽 베이글 위에 딸기잼을 바르고 바나나를 올려요. 다시 딸기와 치즈, 햄을 올리고 남은 베이글로 덮으면 완성!

모닝빵샌드위치

자그마한 모닝빵으로 만든 샌드위치는 손으로 잡고 먹기에 편하고 빵 속에
다양한 재료를 넣어볼 수 있어서 만드는 재미도 있지요.
특히 엄마 없는 날 간편하게 만들어 먹기 좋은 간식 메뉴랍니다.

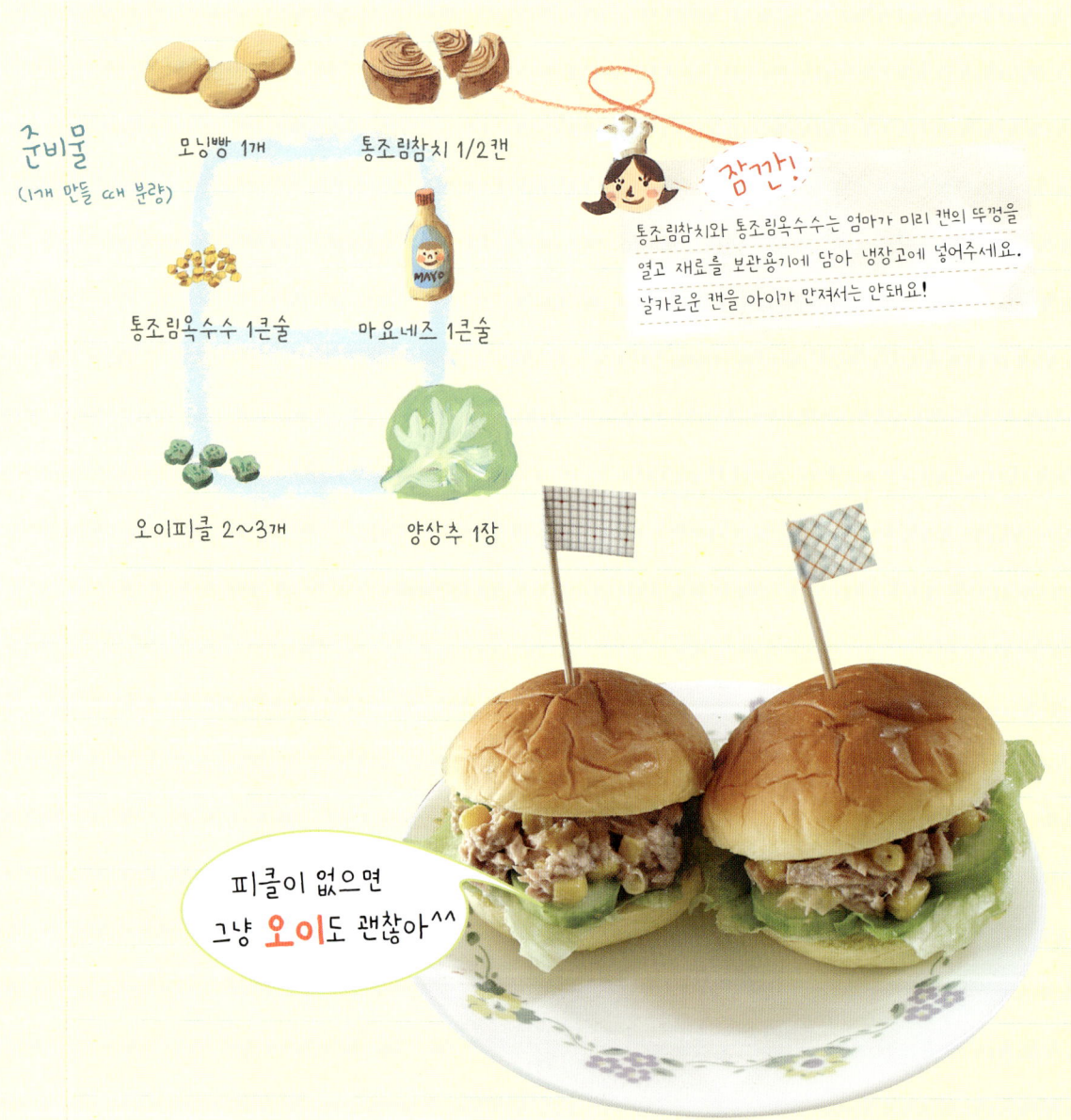

준비물
(1개 만들 때 분량)

모닝빵 1개

통조림참치 1/2캔

통조림옥수수 1큰술

마요네즈 1큰술

오이피클 2~3개

양상추 1장

잠깐!

통조림참치와 통조림옥수수는 엄마가 미리 캔의 뚜껑을
열고 재료를 보관용기에 담아 냉장고에 넣어주세요.
날카로운 캔을 아이가 만져서는 안돼요!

피클이 없으면
그냥 **오이**도 괜찮아^^

요리해요

1 냉장고에서 엄마가 준비해둔 참치와 옥수수를 꺼내요.
볼에 참치와 옥수수, 마요네즈를 넣고 골고루 섞어요.

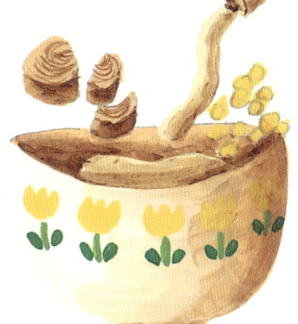

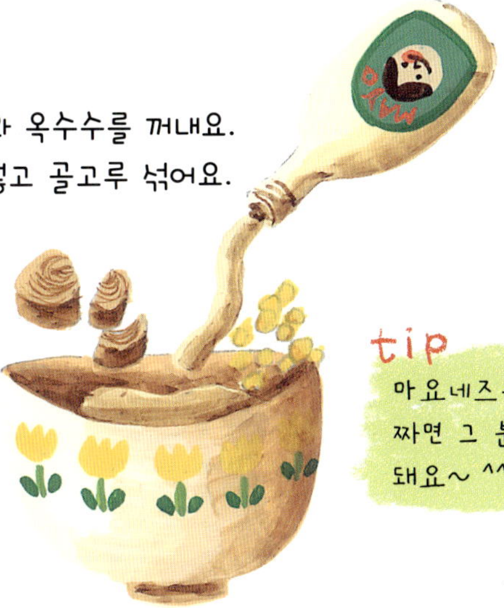

tip
마요네즈는 한 번 푸욱~
짜면 그 분량이 1큰술 정도
돼요~ ^^

2 모닝빵은 플라스틱 칼(빵칼)로 잘라 반으로 가른 다음 양상추를 깔고 피클을 얹어요.
그리고 1의 재료를 올려요.

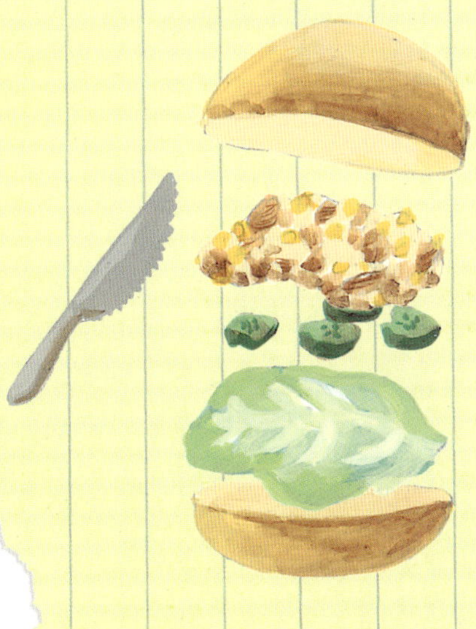

tip
이때 모닝빵이 양쪽으로 완전히
분리되지 않도록 끝부분을 살짝 남기고
자르면 좀 더 먹기 편해요.

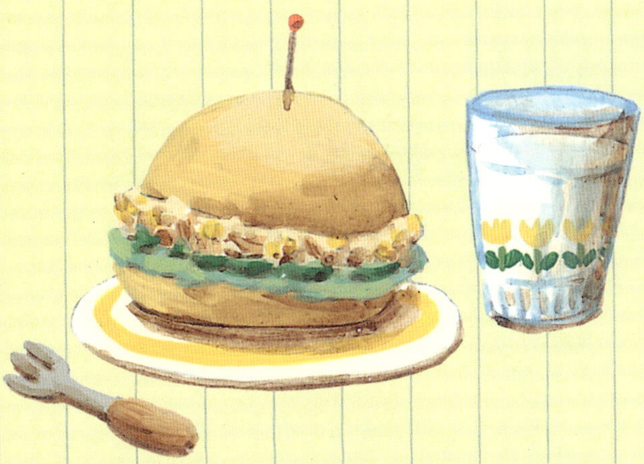

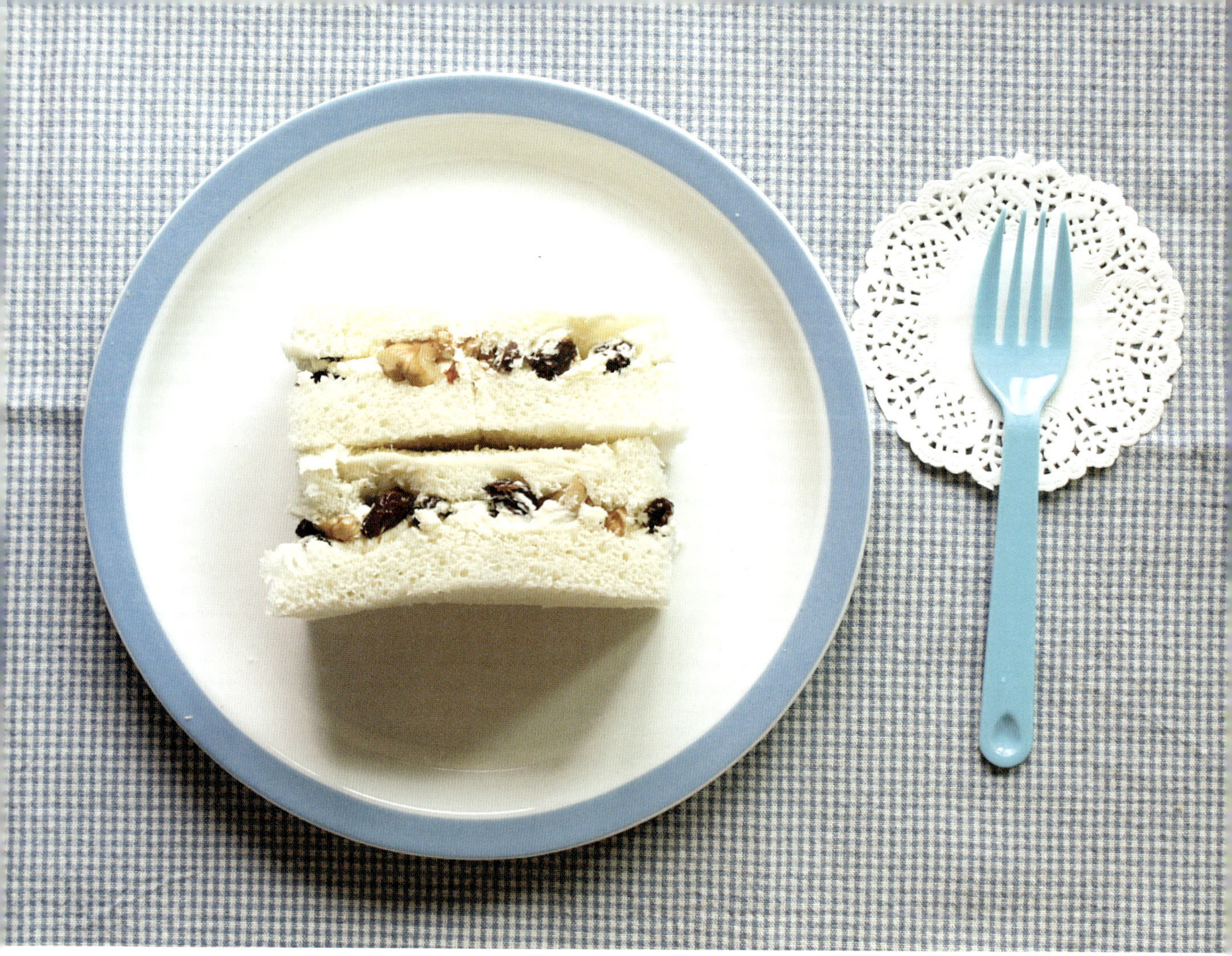

호두건포도샌드위치

영양 만점 재료들이 들어가 추천할 만한 메뉴예요.
게다가 호두를 콩콩! 두드려 다져보기도 하면서 요리에 재미를 붙일 수 있어요.
냉장고에서 건포도도 찾아볼까요?

준비물

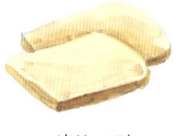

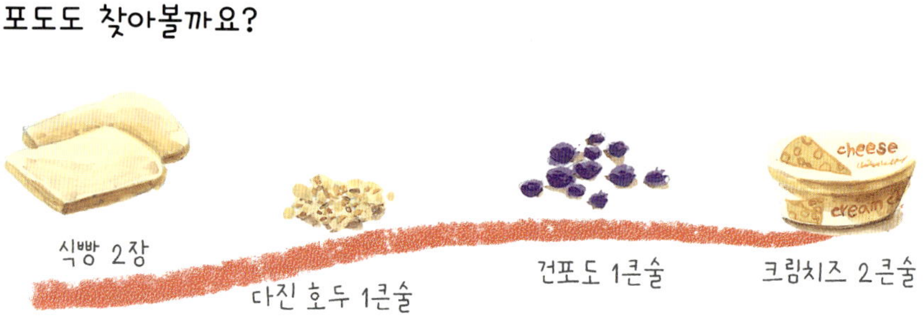

식빵 2장

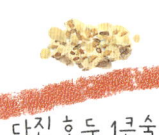

다진 호두 1큰술

건포도 1큰술

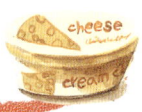

크림치즈 2큰술

44

요리해요

1 키친타월 위에 껍질 깐 호두를 올려놓고 콩콩! 두드려 잘게 다져요.

tip
집에 있는 장난감 망치를 이용하면 좋아요. 플라스틱이나 나무 소재 모두 가능합니다.

2 볼에 건포도, 다진 호두, 크림치즈를 넣고 골고루 섞어 식빵에 바를 스프레드를 만들어요.

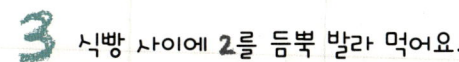

3 식빵 사이에 **2**를 듬뿍 발라 먹어요.

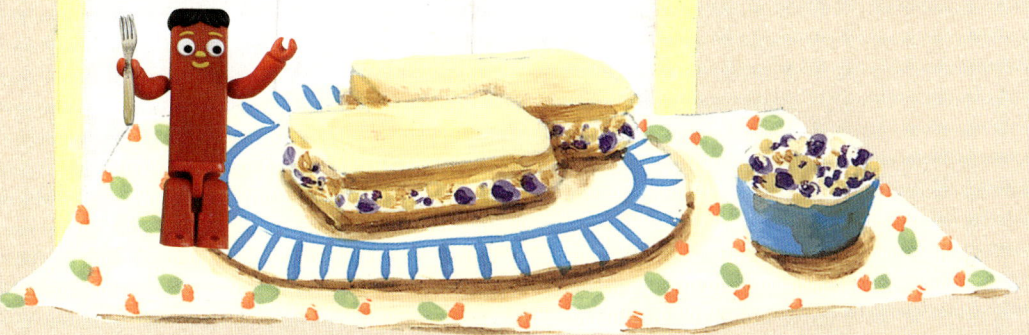

4월 5일 토요일 | 날씨: 아주 맑음

제목: 아삭아삭 샌드위치

엄마가 미리 재료를 준비해두면 좋겠어요. 샌드위치 속에 넣을 재료들을 잘게
다져야 하거든요. 다음날 외출을 해야 한다면 하루 전날 재료만 준비해주세요.
샌드위치 속까지 미리 넣어두면 빵이 질척해져서 맛이 없거든요.

준비물
(1개 만들 때 분량)

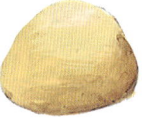
모닝빵 1개

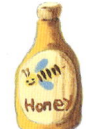
허니머스터드 2큰술

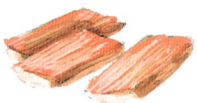
크래미 3개

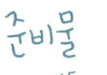
통조림옥수수 1작은술

꿀 1큰술

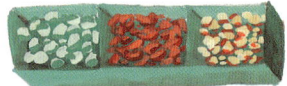
잘게 썬 오이 1작은술
잘게 썬 파프리카 1작은술
잘게 썬 사과 1작은술

내 코는
너무 작아~

난 사과코!

난 **딸기**고!

잠깐!

재료 준비는 엄마가 도와주세요. 오이는 꽃소금으로 문질러 가시
를 없앤 다음 깨끗이 씻어 잘게 썰고, 파프리카는 꼭지와 씨를
떼고 잘게 썰어요. 사과는 껍질을 벗기고 잘게 썰어요. 모든 재료
는 보관용기에 담아 냉장고에 넣어두세요. 통조림옥수수의 뚜껑도
엄마가 열어놓아야 안전해요.

1 큼직한 볼에 잘게 썬 오이와 파프리카, 사과, 옥수수, 크래미, 꿀, 허니머스터드를 넣고 조물조물 섞어요. 크래미는 결을 따라 손으로 찢어 넣으면 좋겠죠?

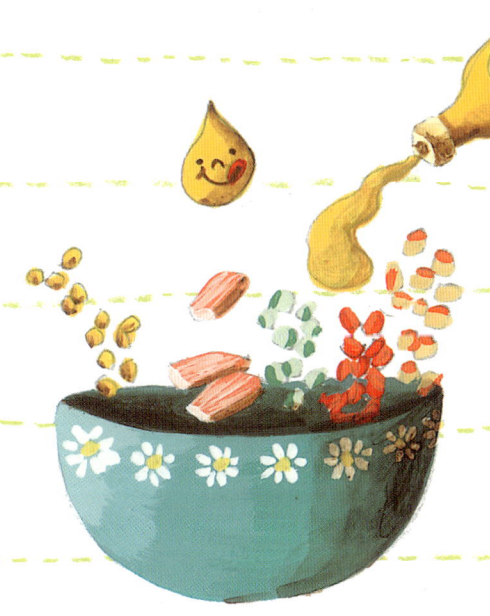

2 모닝빵은 플라스틱 칼(빵칼)로 잘라 반으로 가른 다음 속에 1의 재료를 넣어요.

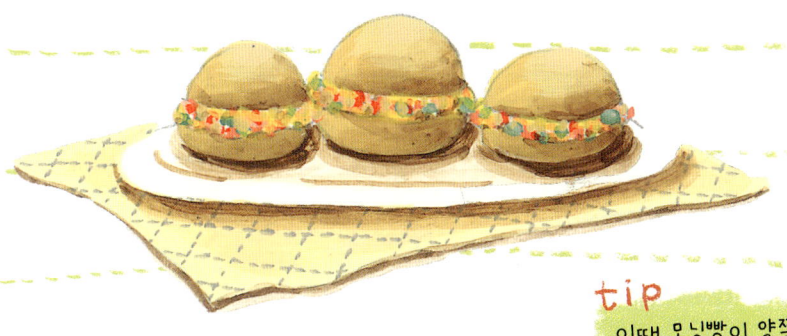

tip
이때 모닝빵이 양쪽으로 완전히 분리되지 않도록 끝부분을 살짝 남기고 자르면 좀 더 먹기 편해요.

크림치즈딸기잼샌드위치

식빵에 크림치즈 쓱쓱 바르고 그 위에 딸기잼 한 번 더! 친구들이랑 놀다가 출출할 때 후다닥 만들어 먹기 좋은 메뉴예요. 사이좋게 하나씩 나눠 먹어요.

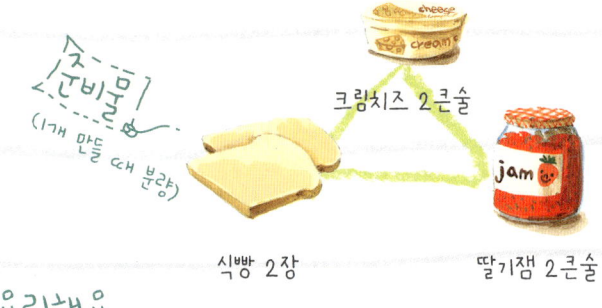

준비물
(1개 만들 때 분량)

크림치즈 2큰술

식빵 2장

딸기잼 2큰술

요리해요

1 식빵은 2장을 준비해요.
한쪽에는 딸기잼을 골고루 펴 발라요.

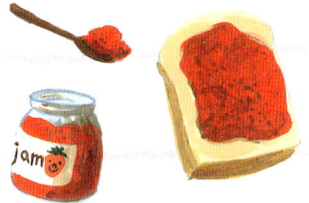

2 나머지 한쪽에는 크림치즈를 골고루 펴 발라요. 둘을 겹쳐서 2장을 한꺼번에 먹으면 고소한 크림치즈와 새콤달콤 딸기잼이 어우러져 정말 맛있어요.

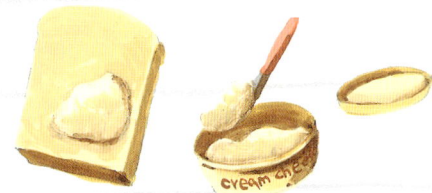

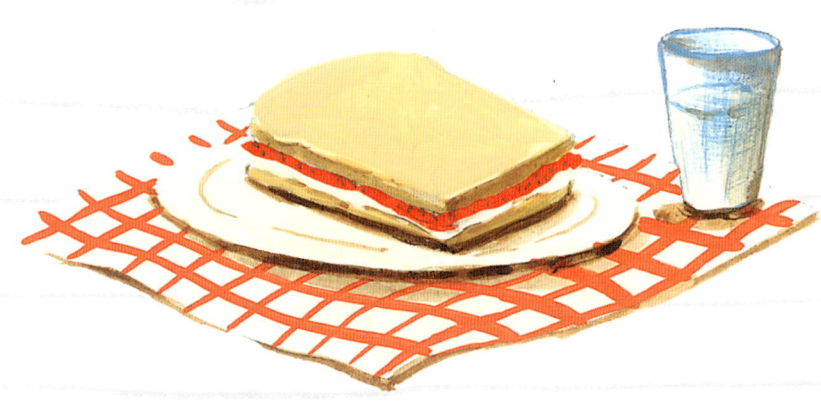

tip
버튼을 눌러 간편하게 작동하는 토스터가 있다면 식빵을 살짝 구워보세요. 토스트로 만든 샌드위치도 맛있답니다!

바나나말이

롤 케이크처럼 돌돌 말아 만든 식빵 요리예요. 달콤한 땅콩잼이 바나나와 어우러져
환상적인 맛을 낸답니다. 친구나 동생과 함께 만들어보아요.
한 명은 돌돌 말고 한 명은 자르고요!

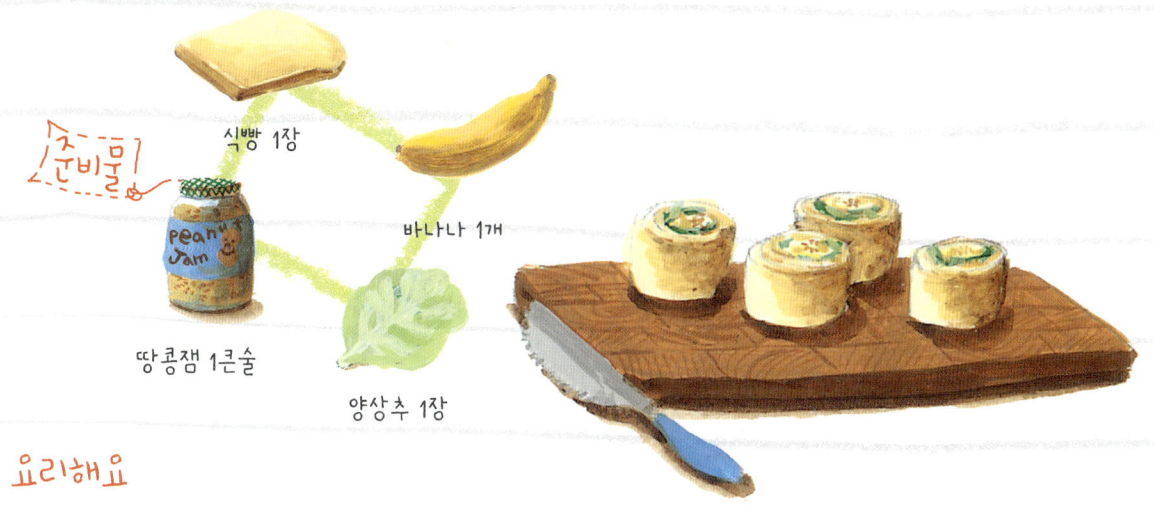

[준비물]

식빵 1장

바나나 1개

peanut Jam

땅콩잼 1큰술

양상추 1장

요리해요

1 바나나는 껍질을 벗겨요. 양상추는 깨끗하게 씻어 물기를 털어요.

2 식빵 위에 양상추를 깔고 땅콩잼을
바른 다음 바나나 1개를 통째로 올려요.

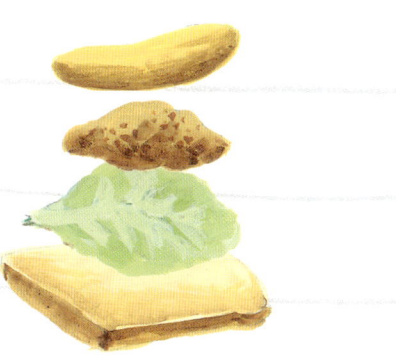

3 식빵을 돌돌 말아 바나나를 감싼 다음
플라스틱 칼(빵칼)로 살살 잘라 먹기 좋
은 크기로 만들어요.

tip
겉면을 비닐랩으로 감싼
다음 자르면 모양이 흐트
러지지 않고 깔끔하게 자를
수 있어요.

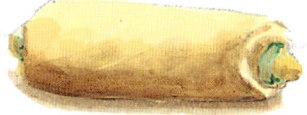

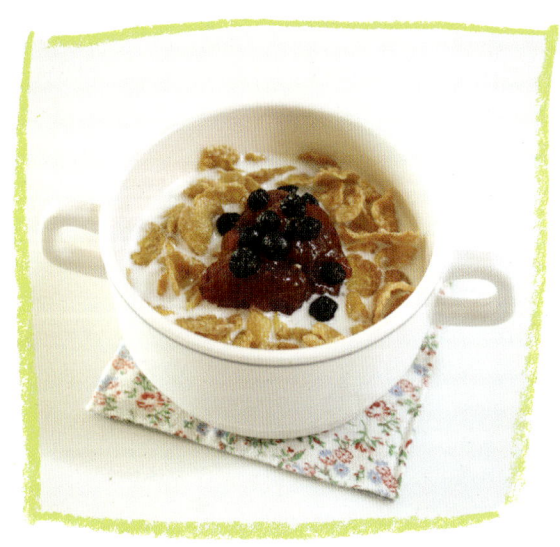

딸기잼시리얼

시리얼을 우유에 부어 그냥 먹어도 맛있지만 잼과 과일을 넣고 여러 가지 맛으로 즐기는 방법도 있어요. 학교 다녀와서 출출할 때 후루룩~ 만들어 냠냠! 먹어요.

준비물

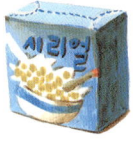
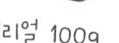
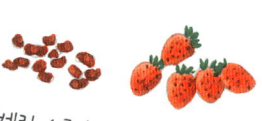

시리얼 100g   크렌베리 1큰술 또는 딸기 5~6개

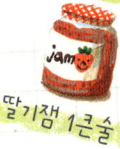
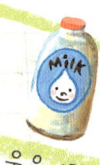

딸기잼 1큰술

우유 1컵

요리해요

1 시리얼을 담아 먹기 좋은 그릇을 골라요. 시리얼을 넣고 우유를 부어요.

2 그 다음은 잼 한 숟가락과 크렌베리 또는 딸기를 넣어주세요.

tip

냉동 크렌베리는 냉동실에서 꺼내 먹을 만큼만 그릇에 덜어놓았다가 사용하고, 딸기는 꼭지를 떼고 깨끗이 씻은 다음 우유에 넣어요.

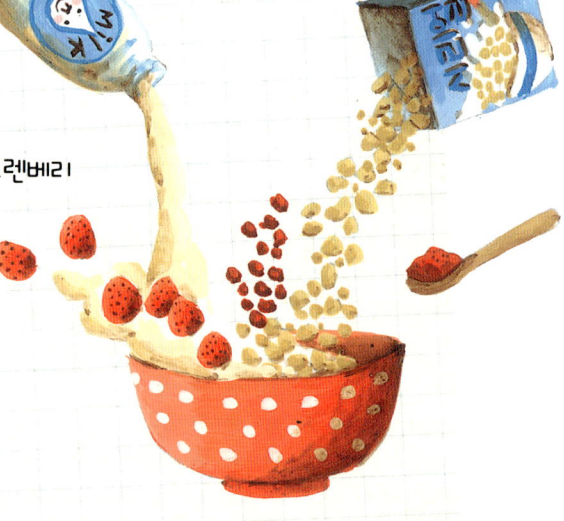

키위카나페

'카나페'는 한입 크기로 자른 빵이나 크래커 위에 치즈나 잼, 그밖에 다양한 소스와 과일, 햄 등의 재료를 예쁘게 올려 먹는 요리예요. 엄마는 손님을 초대한 날 주로 카나페를 만들어요. 모양도 예쁘고 만들기도 쉬워 자꾸 따라하게 되네요!

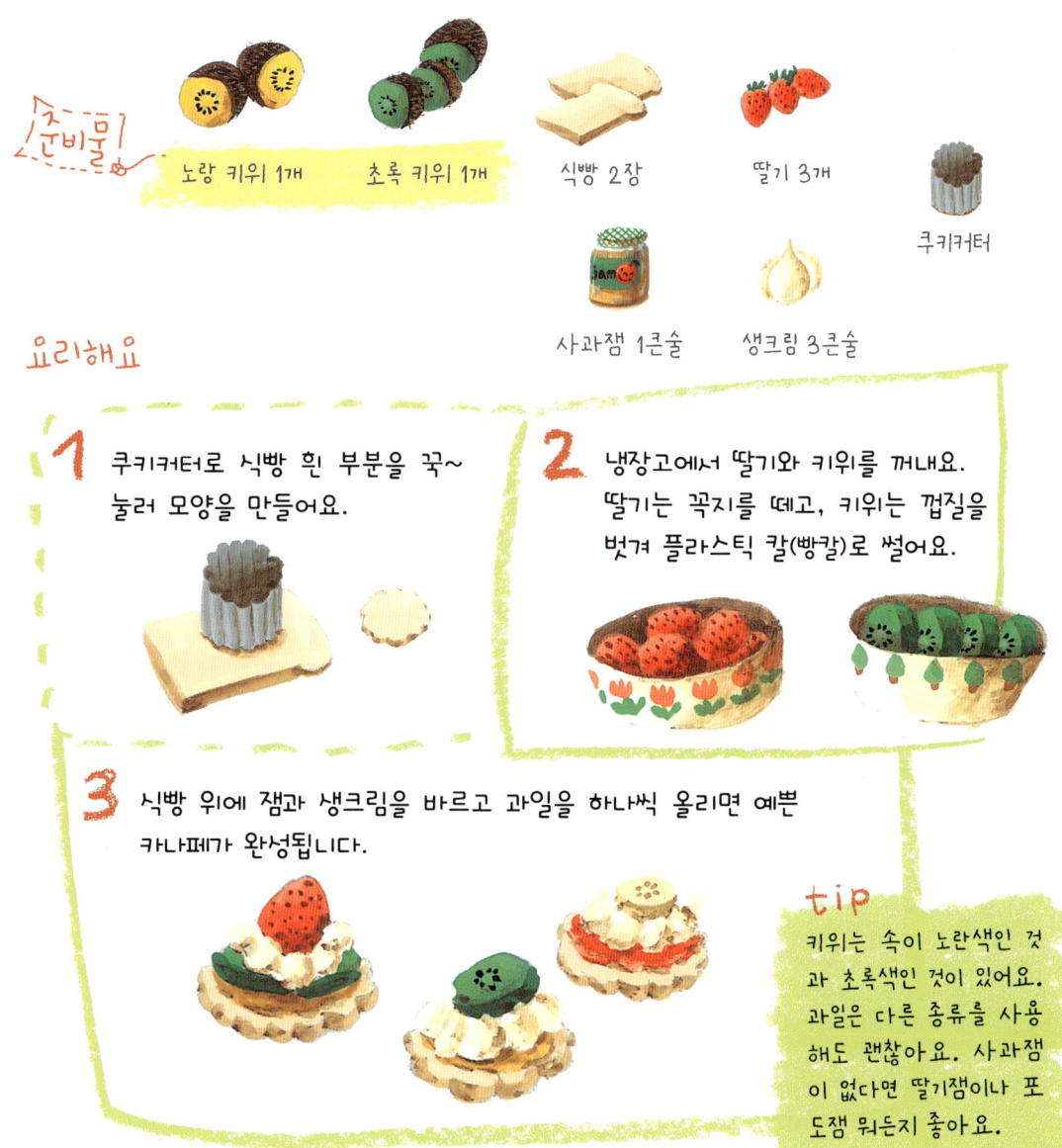

준비물

노랑 키위 1개   초록 키위 1개   식빵 2장   딸기 3개

쿠키커터

사과잼 1큰술   생크림 3큰술

요리해요

1 쿠키커터로 식빵 흰 부분을 꾹~ 눌러 모양을 만들어요.

2 냉장고에서 딸기와 키위를 꺼내요. 딸기는 꼭지를 떼고, 키위는 껍질을 벗겨 플라스틱 칼(빵칼)로 썰어요.

3 식빵 위에 잼과 생크림을 바르고 과일을 하나씩 올리면 예쁜 카나페가 완성됩니다.

tip
키위는 속이 노란색인 것과 초록색인 것이 있어요. 과일은 다른 종류를 사용해도 괜찮아요. 사과잼이 없다면 딸기잼이나 포도잼 뭐든지 좋아요.

바나나미니케이크

제과점에서 파는 카스테라를 이용해 맛있는 케이크를 만들어볼까요?
바나나, 딸기 등 집에 있는 과일을 이용하면 돼요.
단, 물기가 너무 많은 과일은 피하는 것이 좋아요.

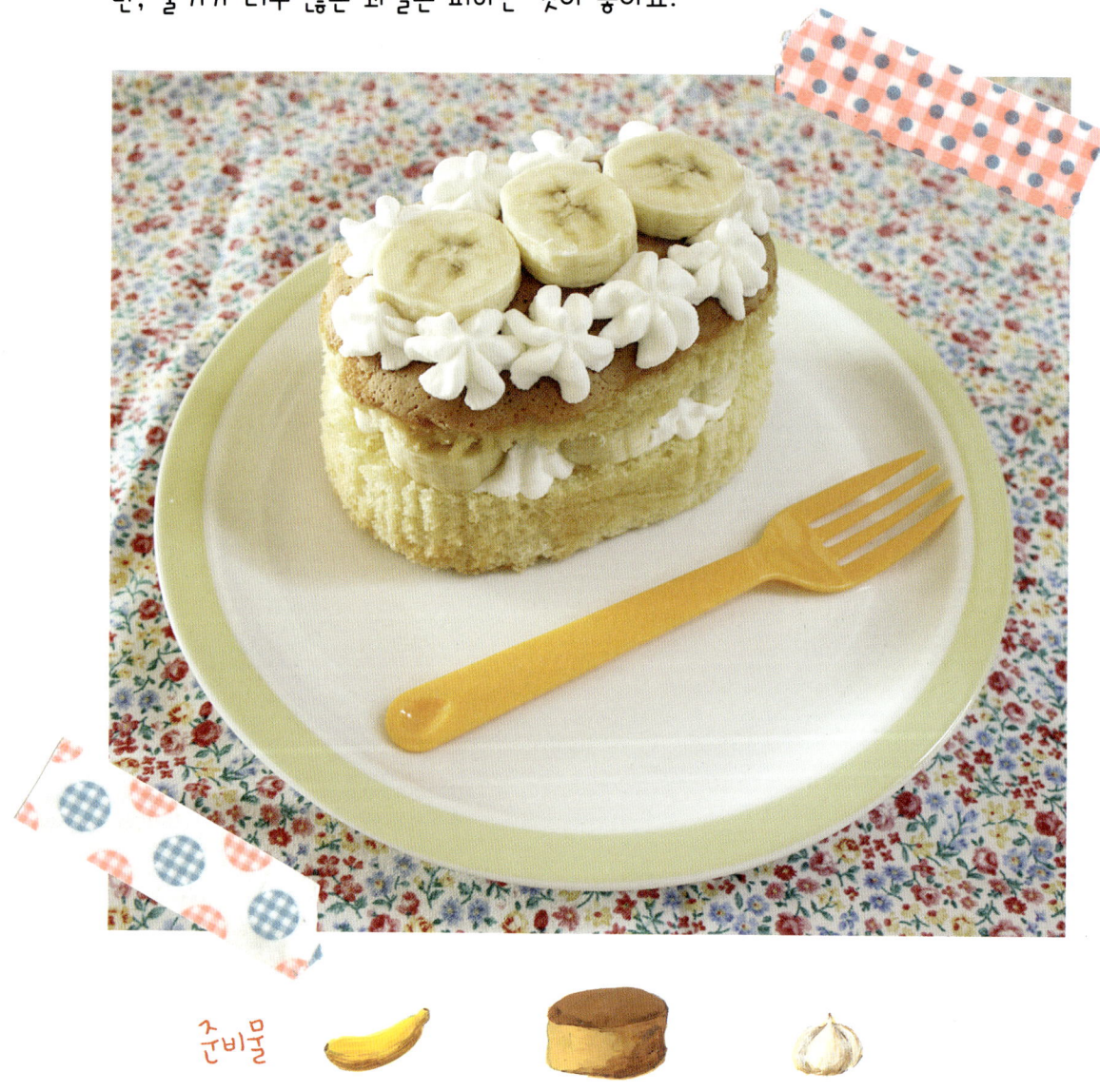

준비물 바나나 2개   카스테라(15x8cm) 1개   생크림 3큰술

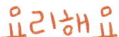

요리해요

1 카스테라를 플라스틱 칼(빵칼)로 살살 잘라요. 2~3조각이 되도록 자르면 적당해요.

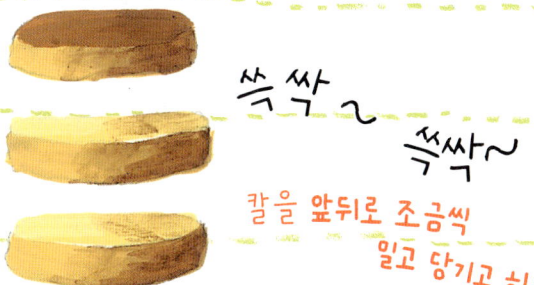

쓱 싹 ~ 쓱 싹~

칼을 앞뒤로 조금씩
밀고 당기고 하며 잘라야 해요.

2 바나나는 껍질을 벗기고 도톰하게 잘라요.

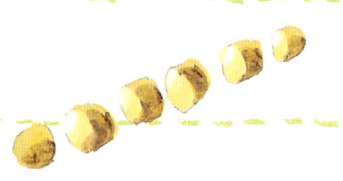

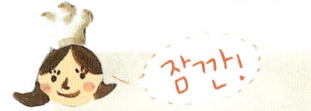
잠깐!

잠깐! 빵과 과일을 자를 때 플라스틱 칼(빵칼)을 이
용해요. 부엌칼은 아직 혼자 사용하기에 위험해요!

3 빵 위에 생크림을 바르고 바나나를 올린 다음 빵 한 조각을 또 올리고
다시 생크림을 발라요. 차곡차곡 쌓고 맨 위를 생크림과 바나나로 마무리합니다.

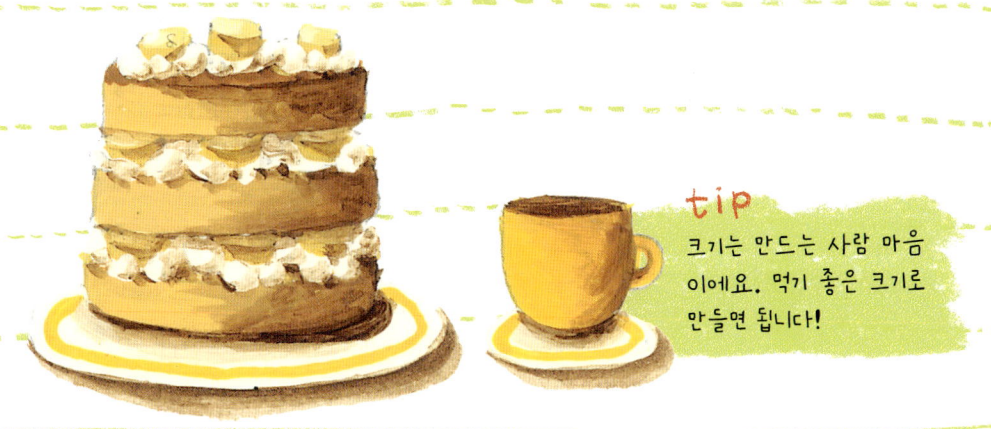

tip
크기는 만드는 사람 마음
이에요. 먹기 좋은 크기로
만들면 됩니다!

내 동생은 장난꾸러기!

엄마랑 내가 부엌에서 음식을 만들고 있으면
몰래 살금살금 들어와 장난을 쳐요.

하루는 엄마가 맛있는 바나나케이크를 만들고 있는데,
바나나를 썰어 담아놓은 접시에서 자꾸만 바나나가 없어지는 거예요.
'어떻게 된 일이지?'

그런데!

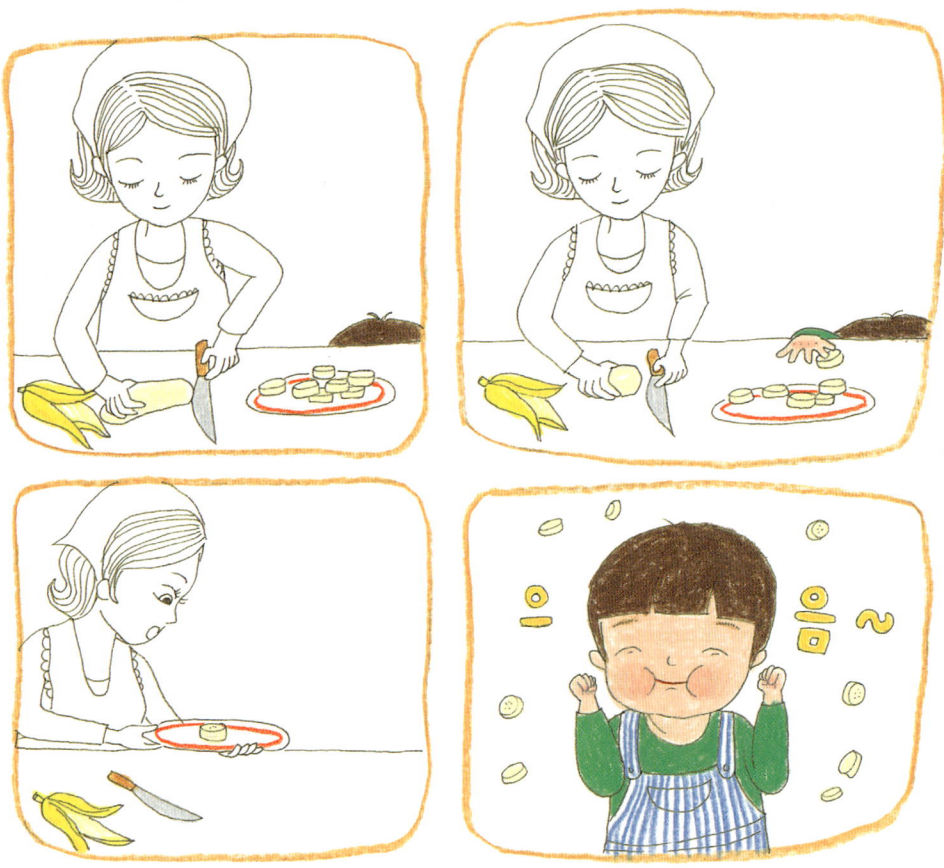

범인은 내 동생이었어요.

식탁 밑에 몰래 숨어 접시 위에 있던 바나나를 하나씩 먹고 있었지 뭐예요.
이 장난꾸러기를 어쩌면 좋죠?
이런 일이 한두 번이 아니라니까요~

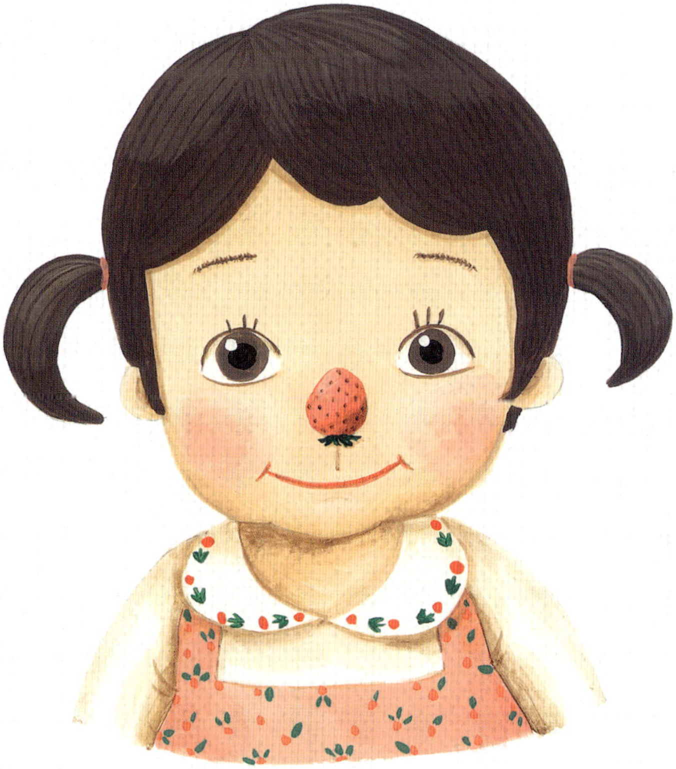

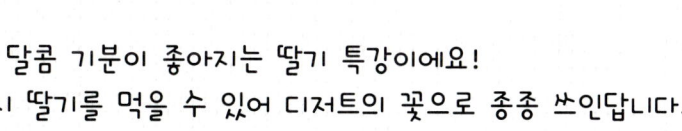

Special Recipe

딸기가 좋아요!

새콤 달콤 기분이 좋아지는 딸기 특강이에요!
요즘은 봄부터 겨울까지 딸기를 먹을 수 있어 디저트의 꽃으로 종종 쓰인답니다.
케이크부터 오믈렛까지, 얼마나 다양한 메뉴를 만들 수 있는지 볼까요?

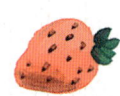

딸기찹쌀떡

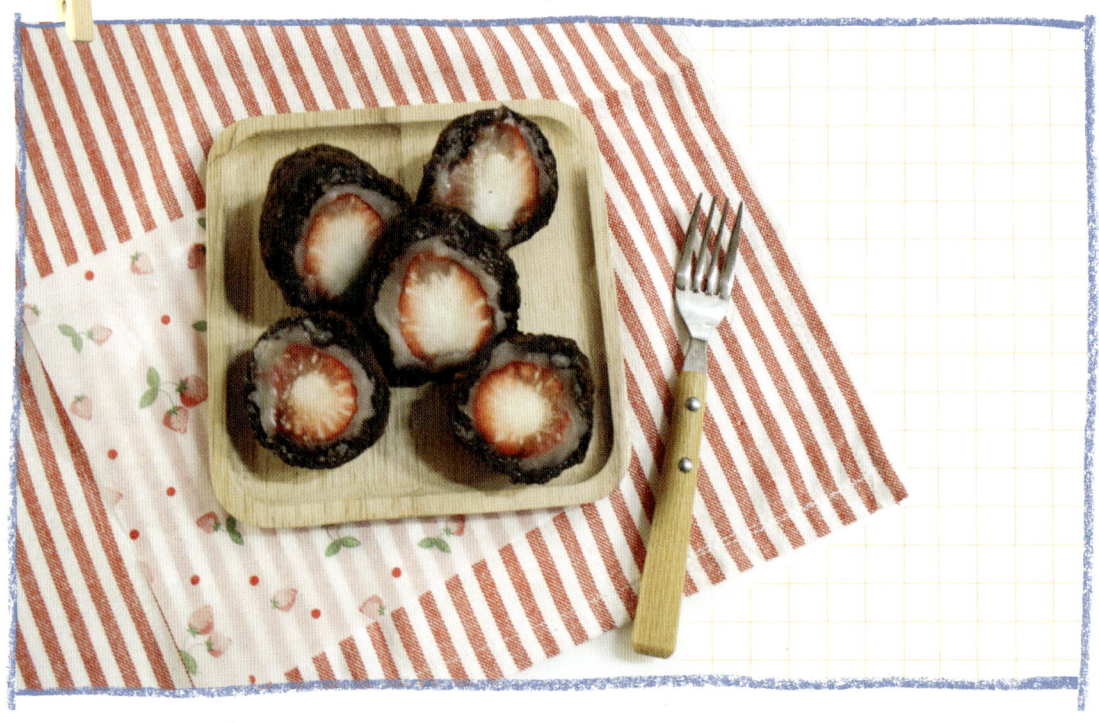

엄마랑 함께 만들어보고 그 다음에 혼자 해요!

집에서 찹쌀떡을 만들 수 있다고요?
그럼요~ 전자레인지로 쫄깃~한 반죽을 만드는, 아주 쉬운 방법을 소개할게요!
'이게 정말 내가 만든 요리야?'하고 깜짝 놀랄 거예요.

준비물
(5개 만들 때 분량)

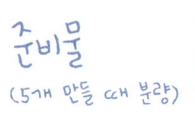
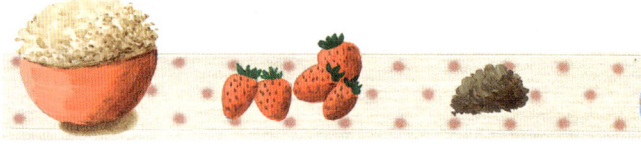

찹쌀가루 80g 　　　 딸기 5개 　　　 코코아가루 60g 　　　 물 160g

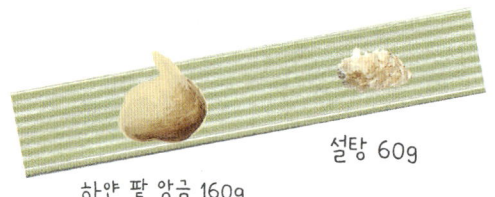

설탕 60g

하얀 팥 앙금 160g

요리해요

1 도마나 넓은 접시 위에 팥 앙금을 얇게 펴놓고 그 위에 딸기를 올려요. 딸기는 꼭지를 떼고 깨끗하게 씻어서 사용해요. 팥 앙금으로 딸기를 감싸주세요.

룰루~ 미술시간 같아요

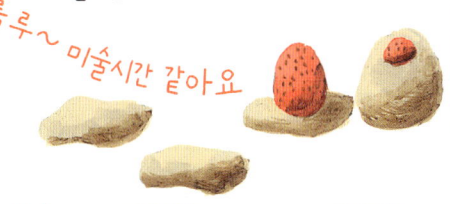

tip
앙금이 손에 달라붙으니 비닐장갑을 끼고 만들면 좋아요!

2 볼을 밑에 받쳐놓고 고운체에 찹쌀가루와 코코아가루를 넣어 툭툭! 쳐가며 아래로 걸러주세요. 그런 다음 설탕을 넣고 물을 부어 골고루 잘 섞어요.

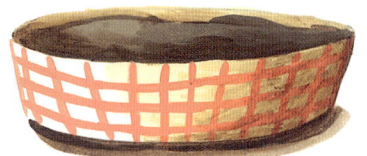

3 전자레인지에 넣어도 좋은 내열용기에 **2**를 담고 비닐랩을 씌운 다음 전자레인지에서 3분간 돌려요. 전자레인지가 멈추면 그릇을 꺼내 숟가락으로 반죽을 휘~휘 저은 다음 다시 전자레인지에 넣어 3분간 가열해요.

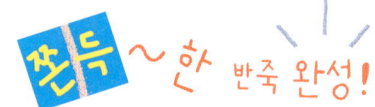 ~한 반죽 완성!

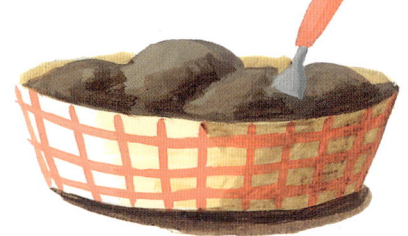

4 **3**의 반죽에 코코아가루를 골고루 묻힌 다음 **1**을 감싸 완성해요!

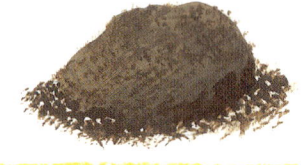

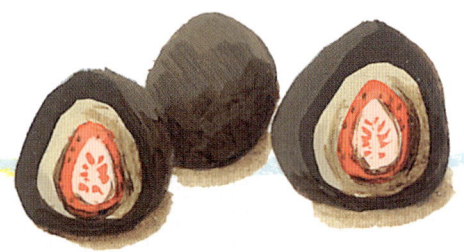

딸기오믈렛

엄마랑 함께 만들어요!

핫케이크가루를 이용해 오믈렛을 만들어볼게요. 우유와 생크림이 들어가 반죽이
부드럽고 속 재료를 다양하게 바꿔볼 수 있어서 마음에 쏙~ 드는 메뉴랍니다!

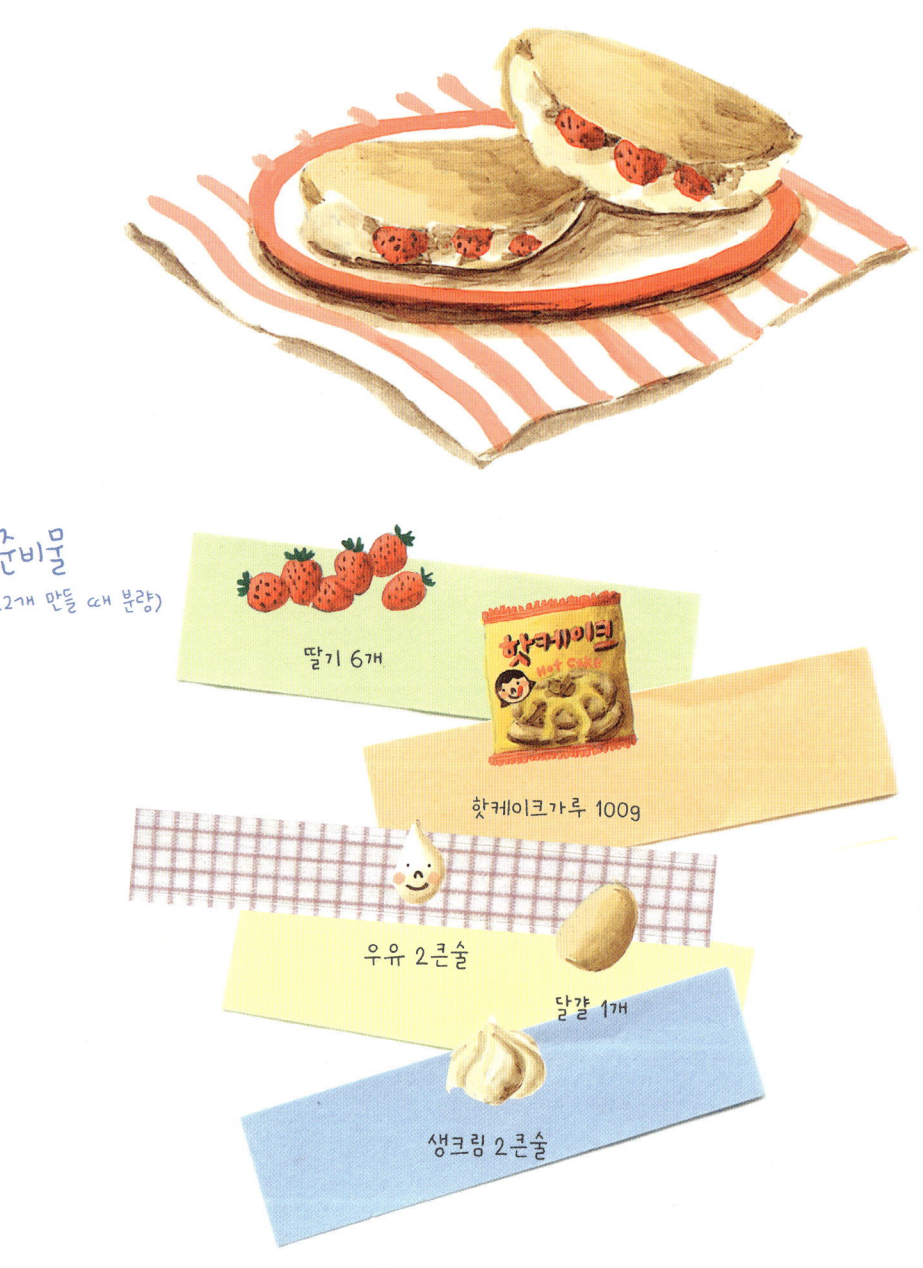

준비물
(2개 만들 때 분량)

딸기 6개

핫케이크가루 100g

우유 2큰술

달걀 1개

생크림 2큰술

요리해요

1 큼직한 볼에 핫케이크가루, 우유,
달걀을 넣고 골고루 섞어요.

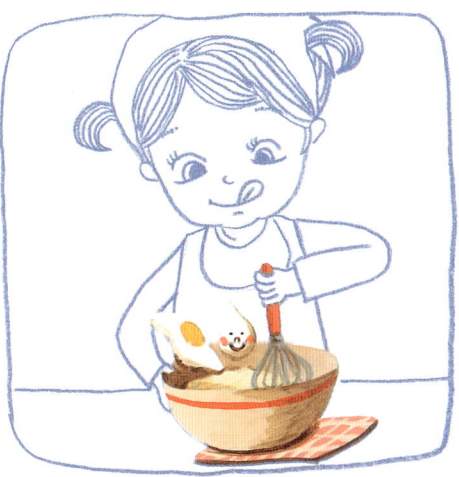

잠깐!
프라이팬을 사용할 때는 반드시 엄마와 함께 해야 해요!

tip
반죽을 프라이팬에 부을
때 가운데 부분은 얇고 가장
자리로 갈수록 살짝 도톰하
게 해야 익는 동안 반죽이
타지 않아요.

2 프라이팬을 불 위에 올려 달군 다음
기름을 두르지 말고 1의 반죽 1/2을
얇게 펴서 익혀요.

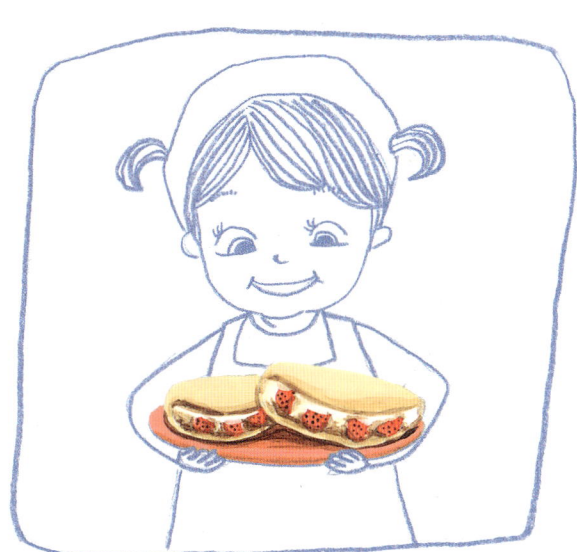

3 반죽을 프라이팬에서 꺼내 식힌 다음
가운데에 생크림을 바르고 딸기를
3개씩 올려요. 반죽을 반으로 접으면
딸기오믈렛 완성! 딸기는 미리 꼭지를
떼고 깨끗하게 씻어두세요.

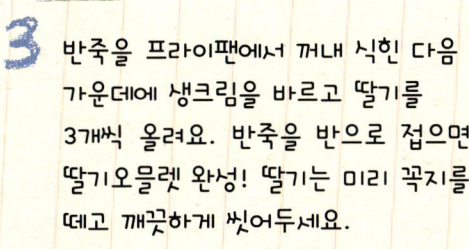

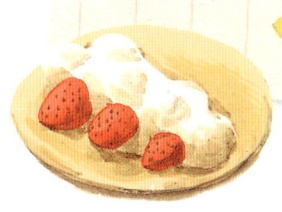
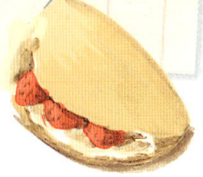

딸기롤샌드위치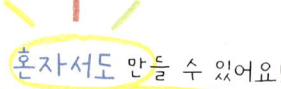

혼자서도 만들 수 있어요!

차갑게 먹으면 더 맛있는 딸기샌드위치예요.
식빵 속의 생크림과 딸기를 한입 깨물면 마치 아이스크림빵을 먹는 것 같답니다.
예쁘게 만들어서 아빠랑 친구들에게 자랑하고 싶어요!

준비물
(롤 2개 만들 때 분량)

식빵 2장   딸기 6~7개   생크림 2큰술

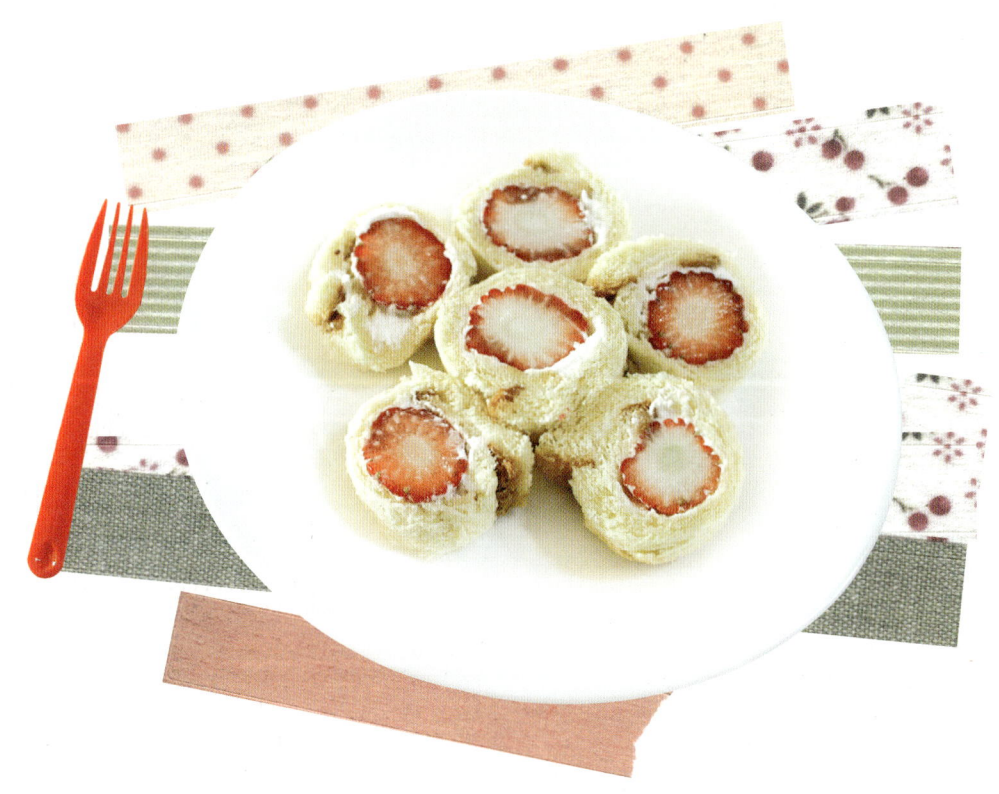

60

요리해요

1 식빵은 갈색 테두리 부분을 잘라내고 하얀 빵만 밀대로 얇게 밀어주세요.

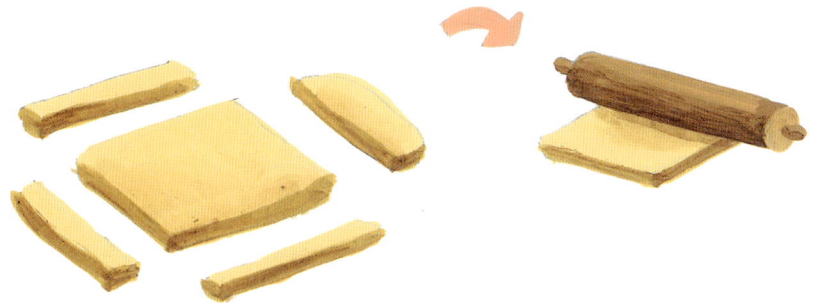

2 얇게 편 식빵 위에 생크림을 1큰술씩 듬뿍 바르고 딸기를 3~4개씩 올린 다음 돌돌 말아요. 딸기는 꼭지를 떼고 깨끗하게 씻어서 사용하세요.

3 2를 비닐랩으로 싸서 냉장고에 15분 정도 넣어두세요.
꺼내서 먹기 좋게 썰어 그릇에 예쁘게 담아요.

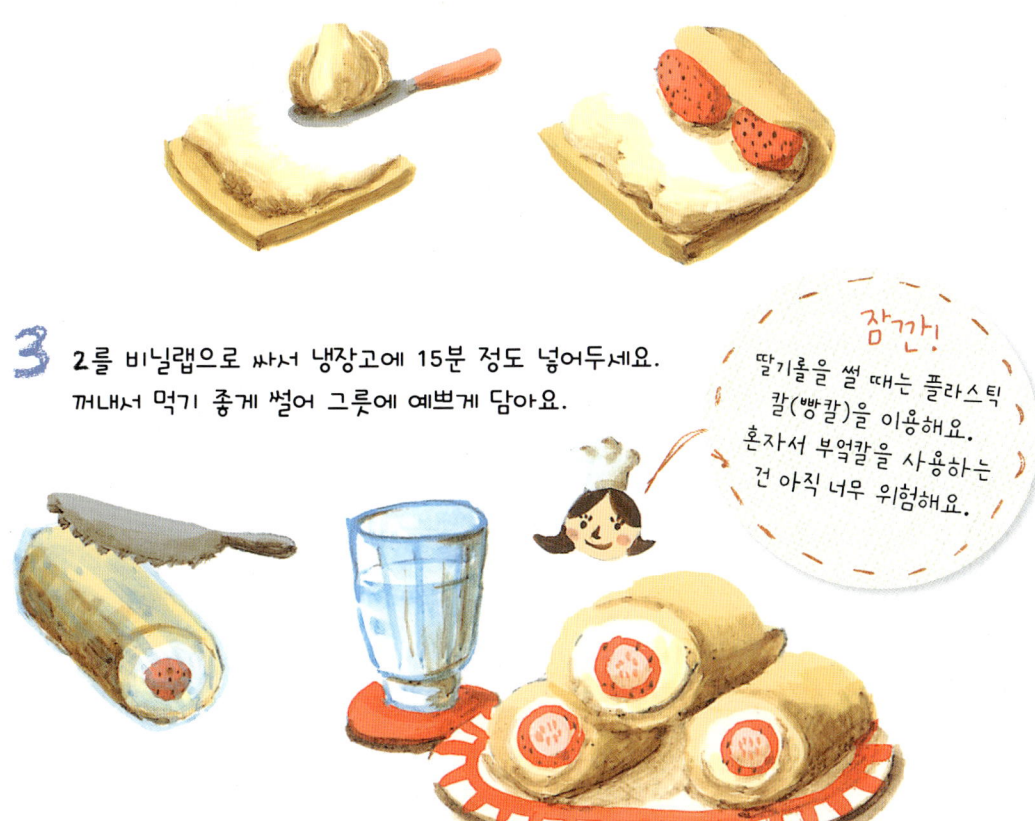

잠깐!
딸기롤을 썰 때는 플라스틱 칼(빵칼)을 이용해요. 혼자서 부엌칼을 사용하는 건 아직 너무 위험해요.

61

딸기물고기케이크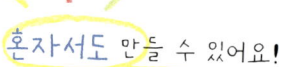

혼자서도 만들 수 있어요!

히야~ 물고기 모양 케이크네요! 내가 좋아하는 붕어 모양 아이스크림을 닮았어요.
동생에게도 한 마리 만들어줘야겠어요.
어? 집에 카스테라가 있는지부터 확인해볼까요?

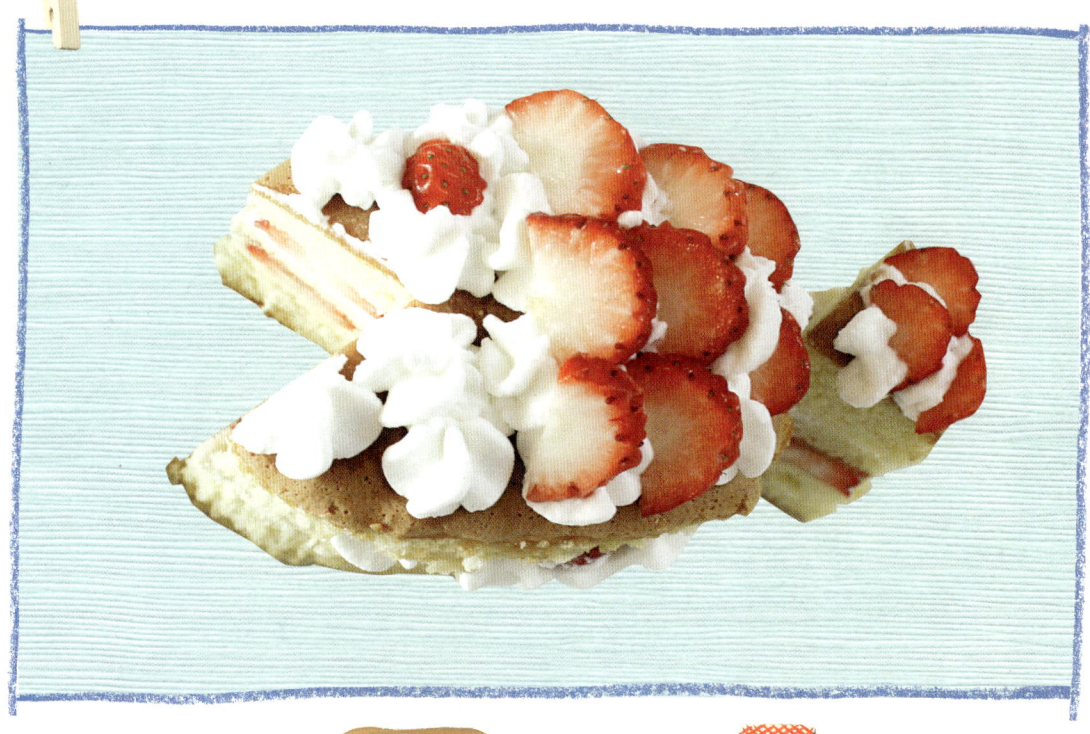

준비물

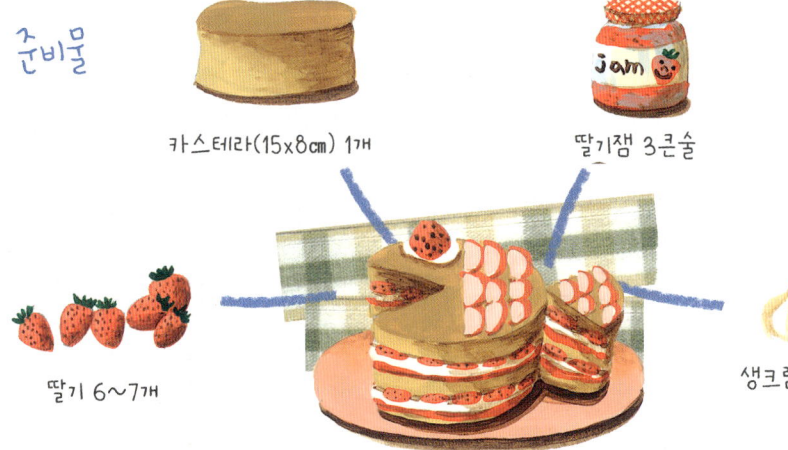

카스테라(15x8cm) 1개

딸기잼 3큰술

딸기 6~7개

생크림 5큰술

62

요리해요

1 딸기는 꼭지를 떼고 깨끗이 씻은 다음 0.5cm 두께로 잘라요.

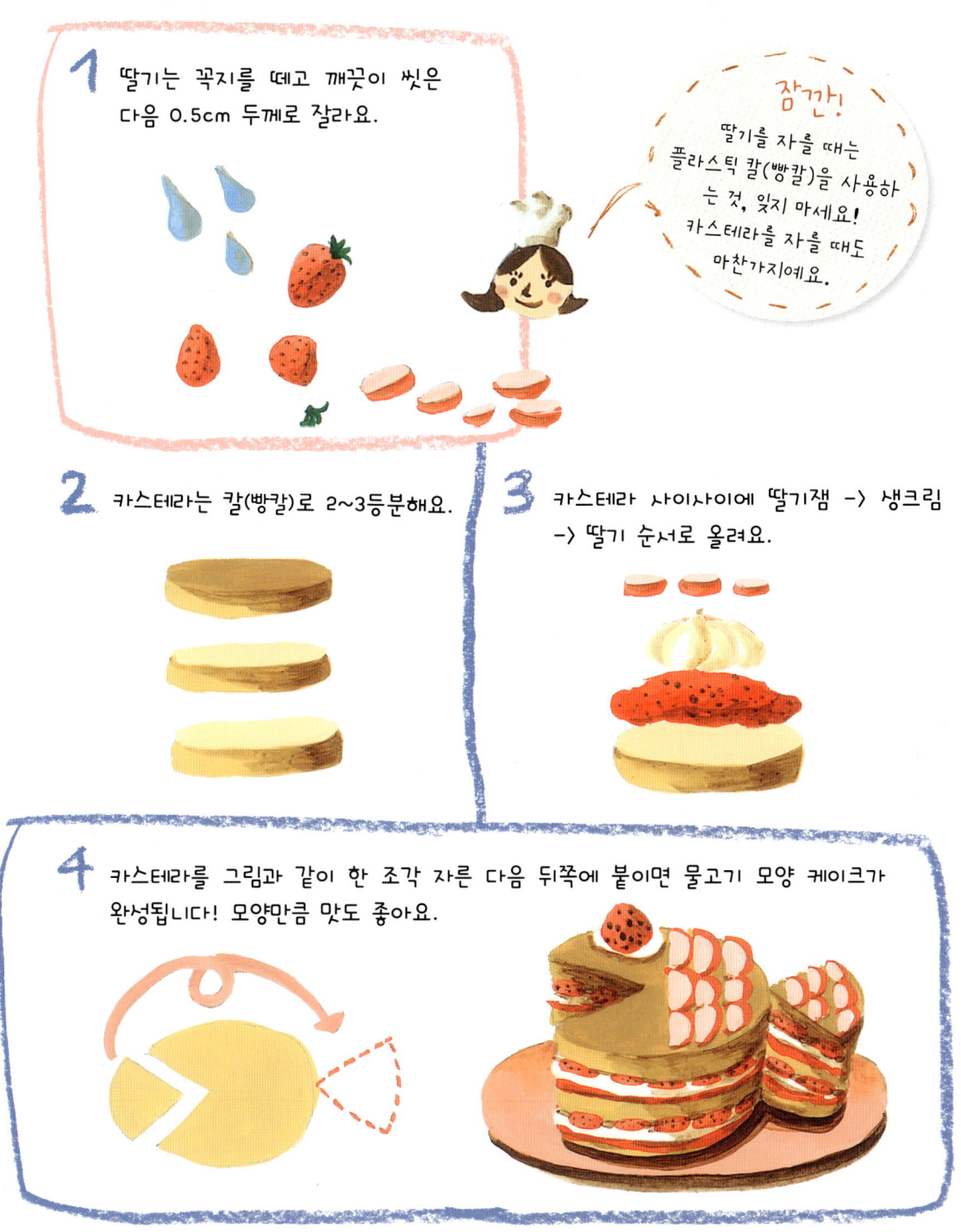

잠깐!

딸기를 자를 때는 플라스틱 칼(빵칼)을 사용하는 것, 잊지 마세요! 카스테라를 자를 때도 마찬가지예요.

2 카스테라는 칼(빵칼)로 2~3등분해요.

3 카스테라 사이사이에 딸기잼 -> 생크림 -> 딸기 순서로 올려요.

4 카스테라를 그림과 같이 한 조각 자른 다음 뒤쪽에 붙이면 물고기 모양 케이크가 완성됩니다! 모양만큼 맛도 좋아요.

딸기카나페

혼자서도 만들 수 있어요!

식빵 위에 크림치즈와 생크림, 딸기를 올려 화려한 모양의 딸기카나페를 만들어보세요. 신선한 딸기 맛을 즐기려면 만들어서 바로 먹는 것이 좋아요. 친구들이 놀러온 날 만들어 내면 근사하겠죠?

준비물

 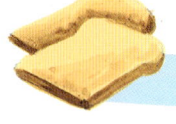 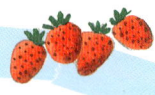 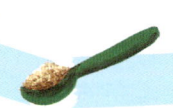 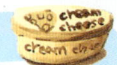 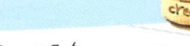

식빵 2장   딸기 4개   슈거파우더 1큰술   크림치즈 2큰술   생크림 적당량   쿠키커터

요리해요

1 식빵을 밀대로 밀어 얇게 편 다음 쿠키커터로 찍어 모양을 만들어요. 딸기는 꼭지를 떼고 깨끗이 씻어 반으로 잘라요.

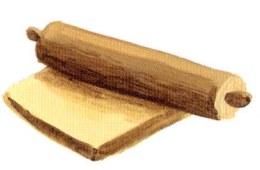

잠깐!
딸기를 자를 때는 플라스틱 칼(빵칼)을 사용하세요. 부엌칼은 위험해요!

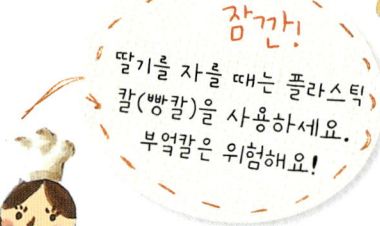

2 식빵 위에 크림치즈를 바르고 생크림을 올린 다음 반으로 자른 딸기를 적당히 올려요.

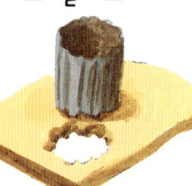

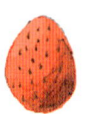

tip
생크림을 바르기 전에 크림치즈를 발라야 식빵이 생크림과 딸기의 물기로 눅눅해지는 것을 막을 수 있어요!

3 맨 위에 슈거파우더를 솔~솔~ 뿌려 마무리해요.

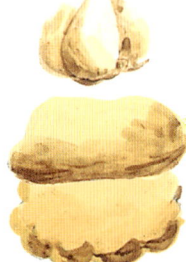

딸기스무디

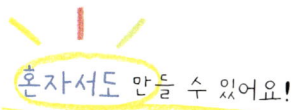 혼자서도 만들 수 있어요!

믹서 사용법만 배워두면 1분 만에 완성할 수 있는 음료예요.
달콤한 딸기 향이 기분 좋지요. 딸기를 미리 냉동실에 얼려두면 좋아요.

준비물
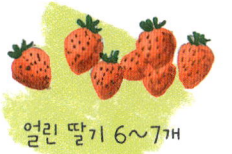
얼린 딸기 6~7개

미리 준비해요!

딸기를 미리 깨끗하게 씻어 냉동실에 얼려두세요.
물론 꼭지를 뗀 채로요. 2~3시간 정도 얼려야 하니 엄
마가 외출하기 전에 얼려두거나 아예 하루 전날부터 냉
동실에 넣어두세요.

꿀 1큰술

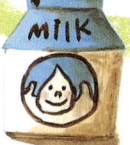
우유 1컵

요리해요

1 냉동실에서 얼린 딸기를 꺼내요.

2 믹서에 딸기와 우유, 꿀을 넣고 곱게 갈아
스무디를 만들어요.

 잠깐!

믹서는 평평한 곳에 놓고 사용법을 정확히 확인한 다음 작동시켜
요. 믹서 안쪽 칼날이 날카로우니 사용한 뒤에는 싱크대에 놓고
물만 부어두세요. 설거지하다 손을 다칠 위험이 있으니까요.

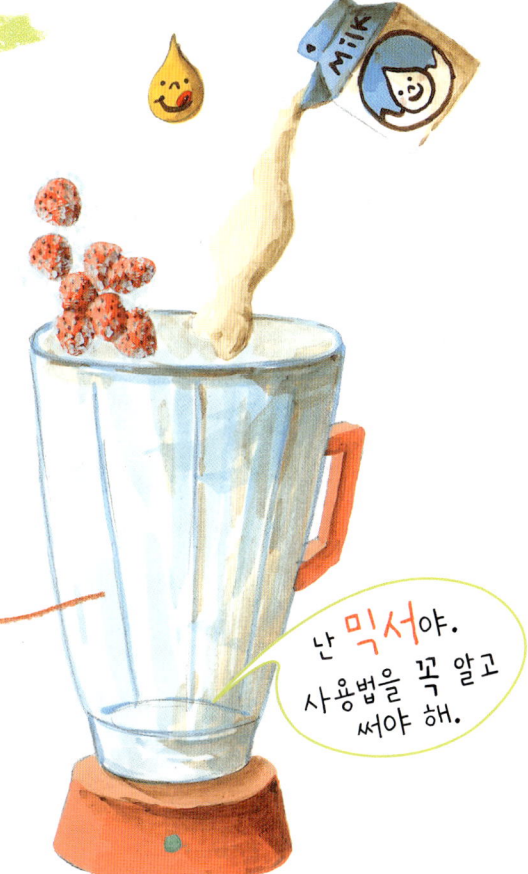

난 믹서야.
사용법을 꼭 알고
써야 해.

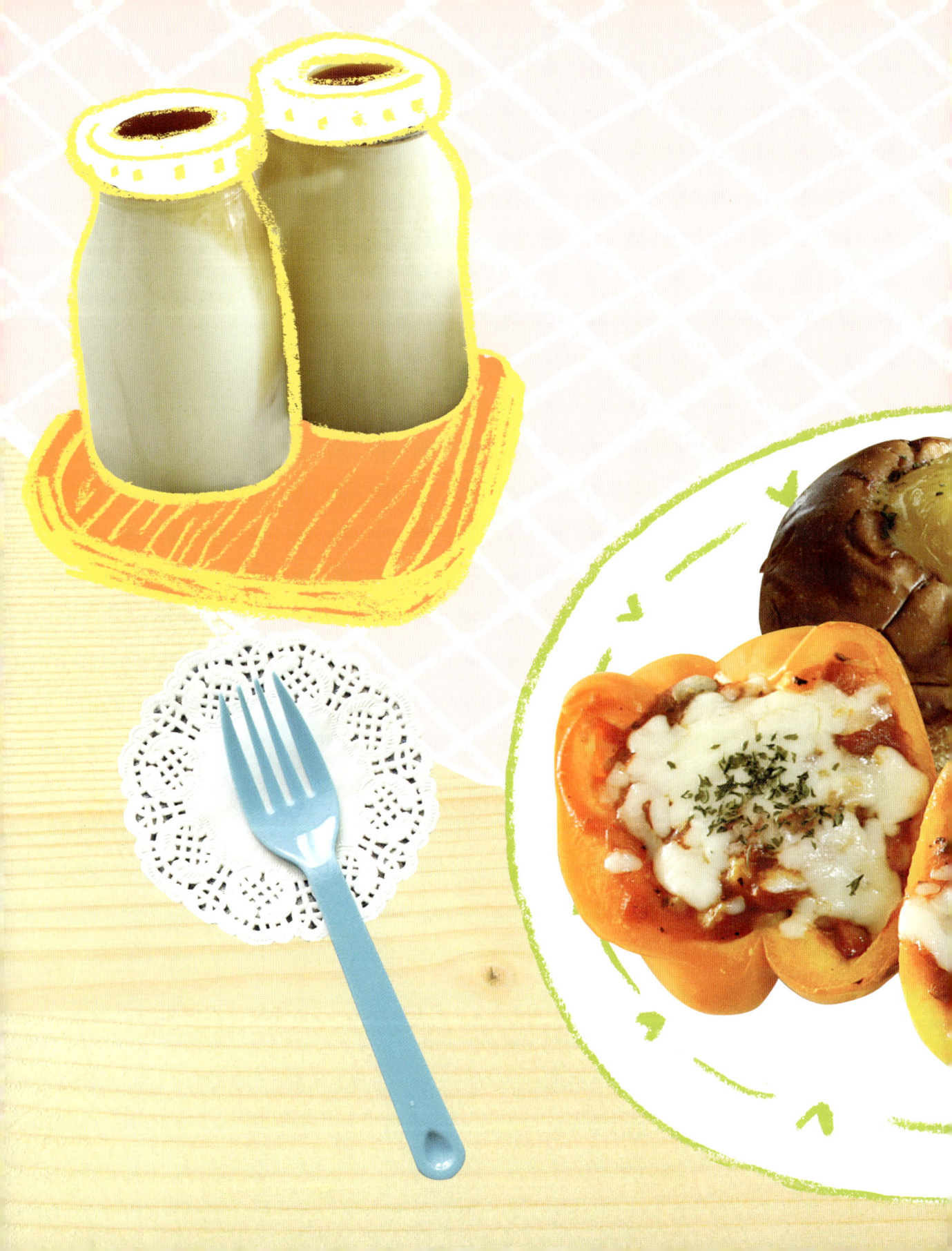

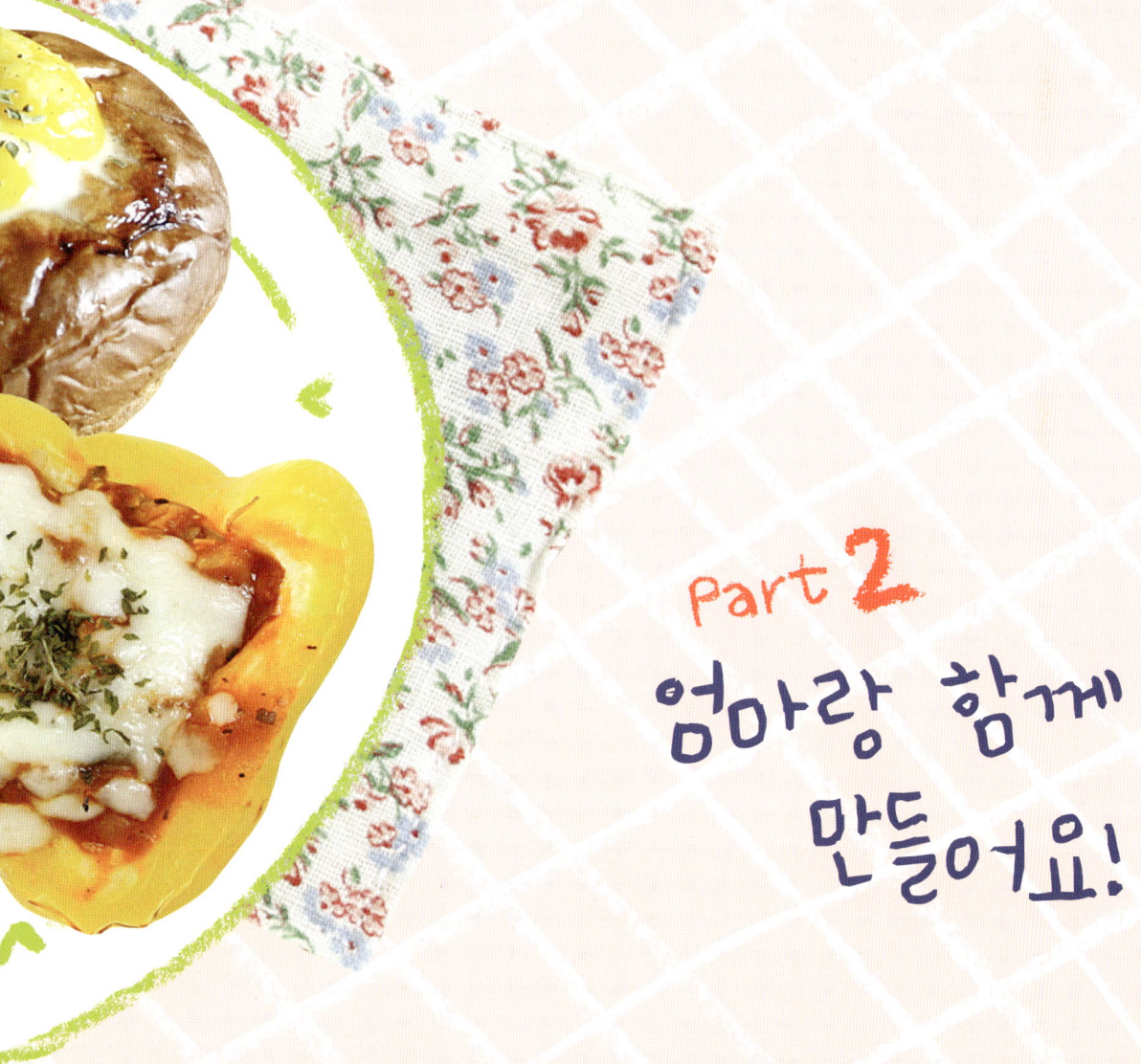

빵을 굽거나 밥을 볶거나 하는 요리는 엄마와 함께 하는 것이 좋겠어요.
아직은 불을 사용하고 날카로운 도구를 이용해야 할 때
꼭 엄마의 도움을 받도록 하세요.
엄마 옆에서 달걀을 풀고 재료를 섞고 소스를 바르며 요리를 함께 완성해요.
오므라이스도 만들고 쿠키나 피자도 굽고,
초콜릿을 녹여 사랑스러운 달콤이도 만들 수 있어요.
좀 더 크면 엄마처럼 혼자서도 무슨 요리든지 다 만들 수 있겠죠?
요리란 배울수록 재미있는 것 같아요~

Part 2
엄마랑 함께
만들어요!

스마일 오므라이스

냉장고 속 갖은 채소를 잘게 잘라 넣고 볶은 밥을 달걀부침으로 감싸 만드는 요리지요.
조금씩 남아 있는 채소를 처리할 때 엄마가 즐겨 하는 메뉴이기도 해요.
어떤 채소를 넣느냐에 따라 그날그날 맛이 조금씩 달라져요.

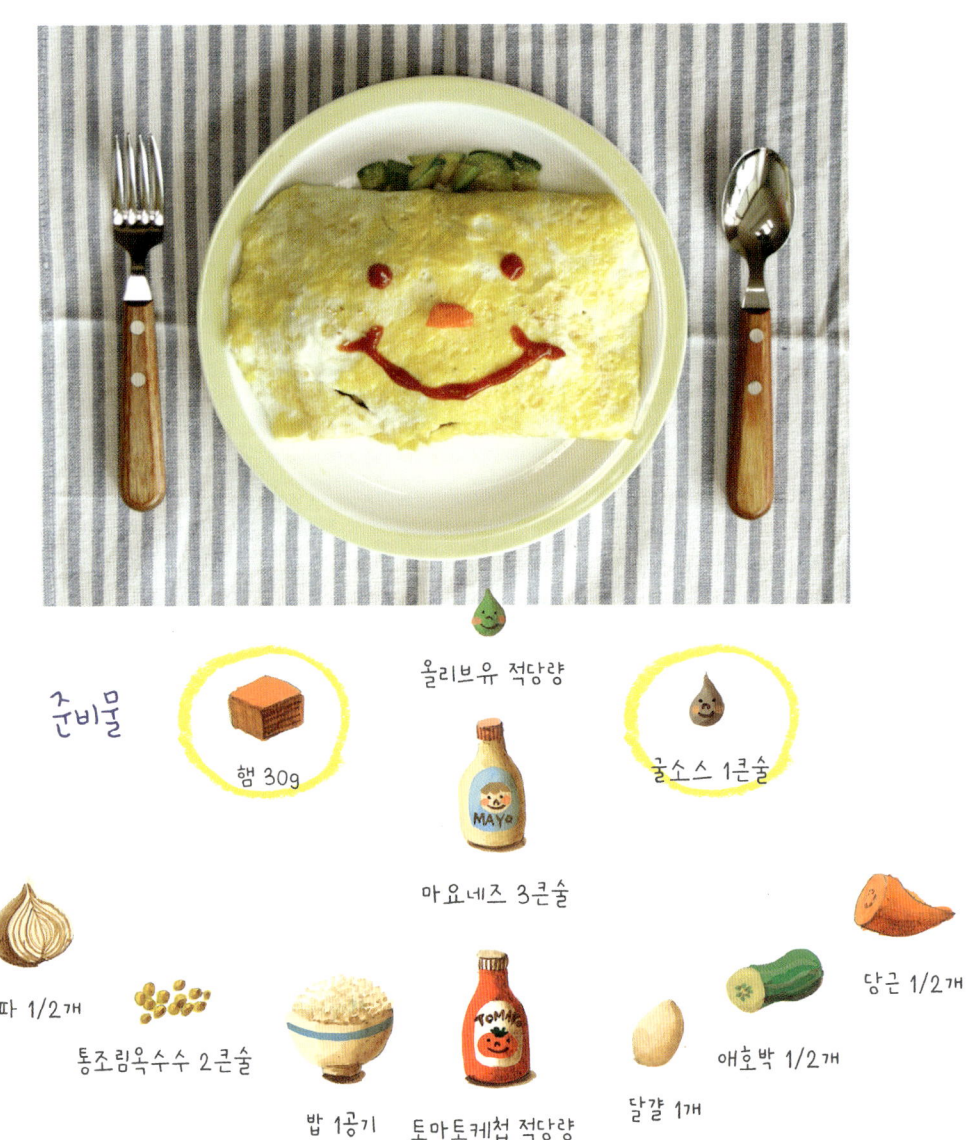

준비물

올리브유 적당량

햄 30g

굴소스 1큰술

마요네즈 3큰술

양파 1/2개

통조림옥수수 2큰술

밥 1공기   토마토케첩 적당량

달걀 1개

애호박 1/2개

당근 1/2개

요리해요

1 당근, 애호박, 양파, 햄은 잘게 잘라요.

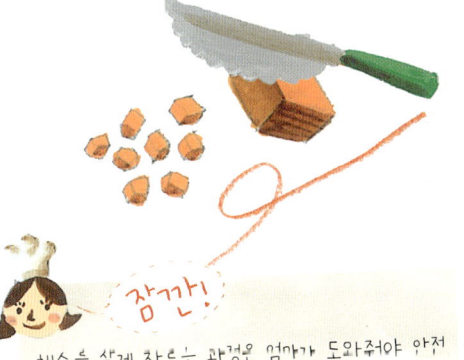

잠깐!

채소를 잘게 자르는 과정은 엄마가 도와줘야 안전하겠네요! 채소는 준비물에 있는 것 말고도 냉장고에 있는 것들을 이것 저것 사용하세요.

2 프라이팬에 기름을 두르고 잘게 자른 채소를 넣고 달달 볶다가 마요네즈와 굴소스를 넣고 한 번 더 볶아요.

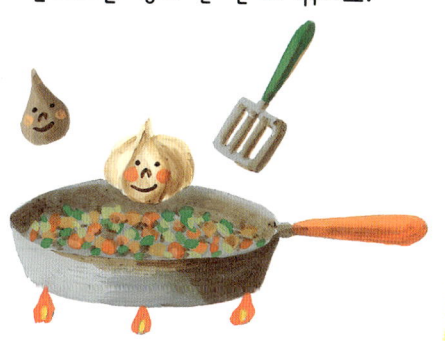

3 2에 밥과 옥수수를 넣고 좀 더 볶아주세요.

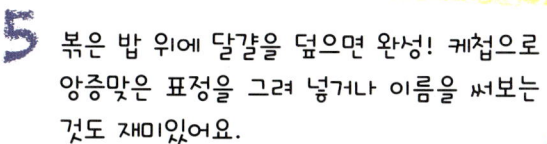

4 달걀을 잘 풀어서 기름을 두른 팬에 붓고 약한 불에서 얇게 부쳐 완전히 익혀요.

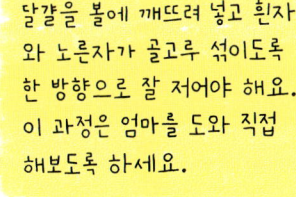

5 볶은 밥 위에 달걀을 덮으면 완성! 케첩으로 앙증맞은 표정을 그려 넣거나 이름을 써보는 것도 재미있어요.

tip

달걀을 볼에 깨뜨려 넣고 흰자와 노른자가 골고루 섞이도록 한 방향으로 잘 저어야 해요. 이 과정은 엄마를 도와 직접 해보도록 하세요.

69

감자수제비

할머니가 끓여주시던 수제비 맛을 흉내내볼까요? 멸치와 다시마로 국물을 내고 채소는 감자와 애호박만 넣어 담백하게 끓여낸 맛이 정겨워요. 조물조물 밀가루 반죽도 해보고 재료가 하나하나 익어가는 과정도 볼 수 있어 재미있는 경험이 되지요.

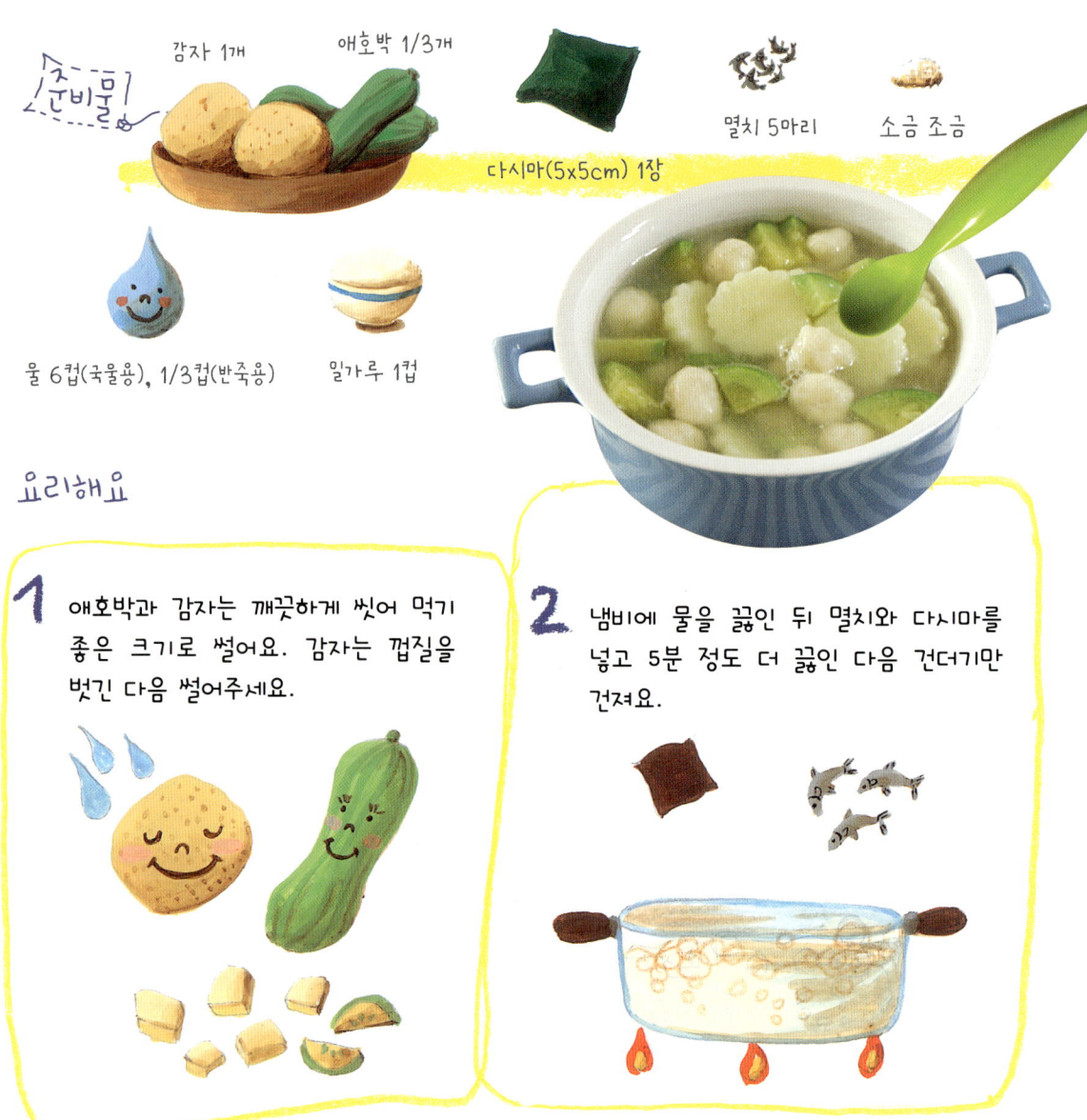

준비물

감자 1개   애호박 1/3개   멸치 5마리   소금 조금

다시마(5x5cm) 1장

물 6컵(국물용), 1/3컵(반죽용)   밀가루 1컵

요리해요

1 애호박과 감자는 깨끗하게 씻어 먹기 좋은 크기로 썰어요. 감자는 껍질을 벗긴 다음 썰어주세요.

2 냄비에 물을 끓인 뒤 멸치와 다시마를 넣고 5분 정도 더 끓인 다음 건더기만 건져요.

3 큼직한 볼에 밀가루를 넣고 물을 조금 씩 부어가며 반죽을 해요.

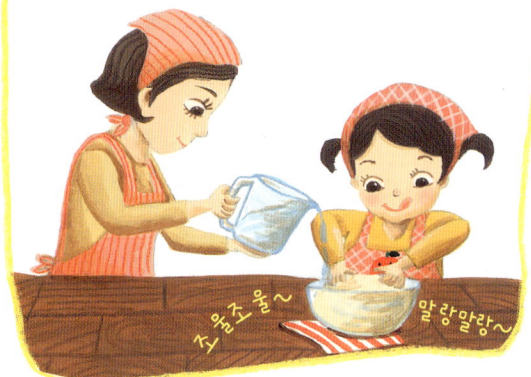

조물조물~   말랑말랑~

4 2의 육수에 감자와 애호박을 넣고 끓이면서 소금으로 간을 맞춰요.

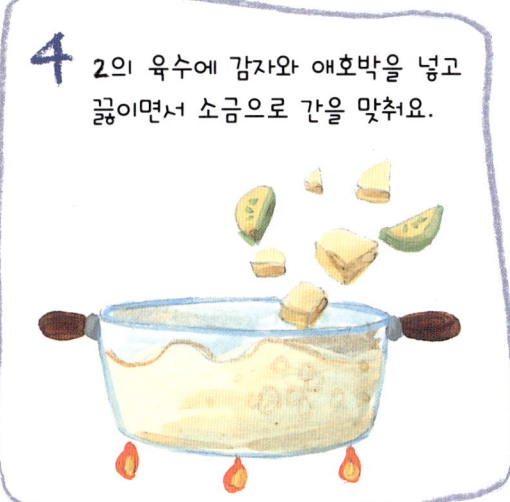

5 3의 밀가루 반죽을 원하는 모양으로 만들어요. 이렇게 모양을 만든 반죽을 끓는 육수에 넣어 익혀요.

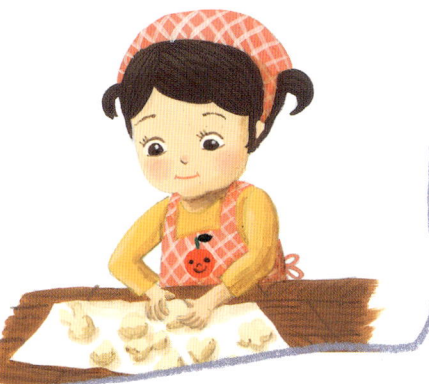

6 또 한 가지 방법은, 밀가루 반죽 덩어리를 조금씩 떼서 넣는 거예요. 손에 물을 살짝 묻히고 밀가루 반죽을 떼면 편해요.

반죽이 익으니까 색깔이 조금 변했어요.
신기하다~!

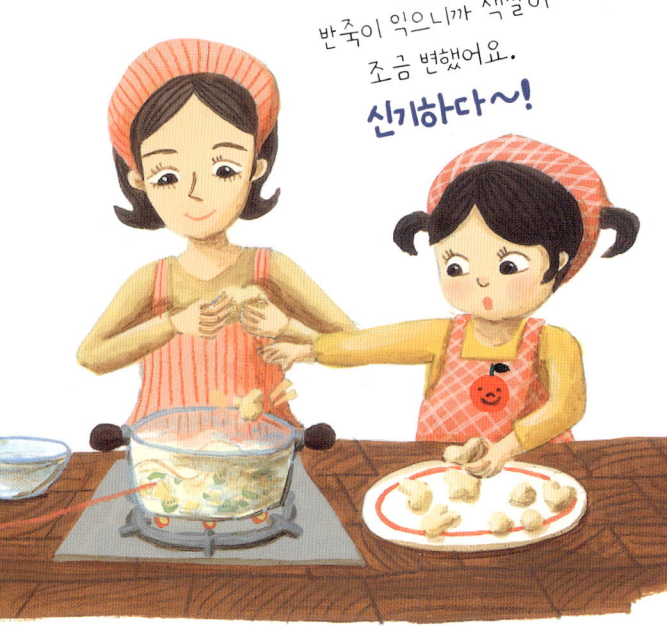

잠깐!
뜨거운 육수 옆에서 요리할 때는 반드시 엄마가 곁에 있어주세요. 밀가루 반죽을 육수에 넣을 때도 뜨거운 물이 튀지 않도록 조심해요.

카레길쭉이

카레 옷을 입힌 **식빵스틱**이에요. 모양 따라 **'길쭉이'**라는 이름을 붙여줬어요.
과자처럼 한 개씩 집어 먹으면 맛있어요. 엄마 아빠는 맥주 안주로도 그만이래요~

준비물

카레가루 1큰술

식빵 2장

올리브유 1큰술

설탕 1큰술

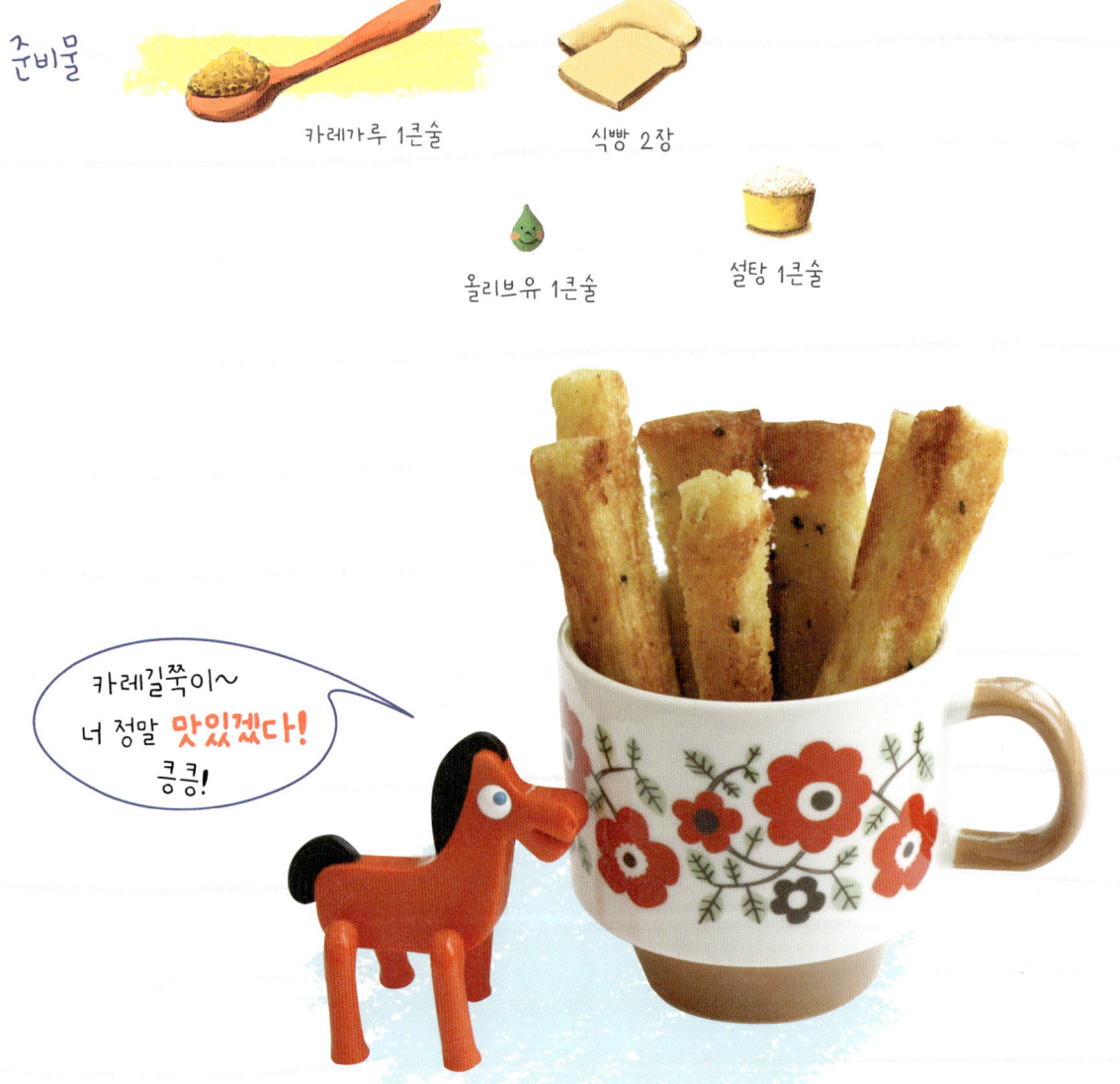

카레길쭉이~
너 정말 **맛있겠다!**
킁킁!

72

요리해요

1 식빵을 길쭉하게 잘라요.

잠깐!
직접 자를 때는
플라스틱 칼(빵칼)을
사용해야 손을 다칠
염려가 없어요.

2 카레가루와 설탕, 올리브유를 잘 섞어 식빵 위에 골고루 발라요.

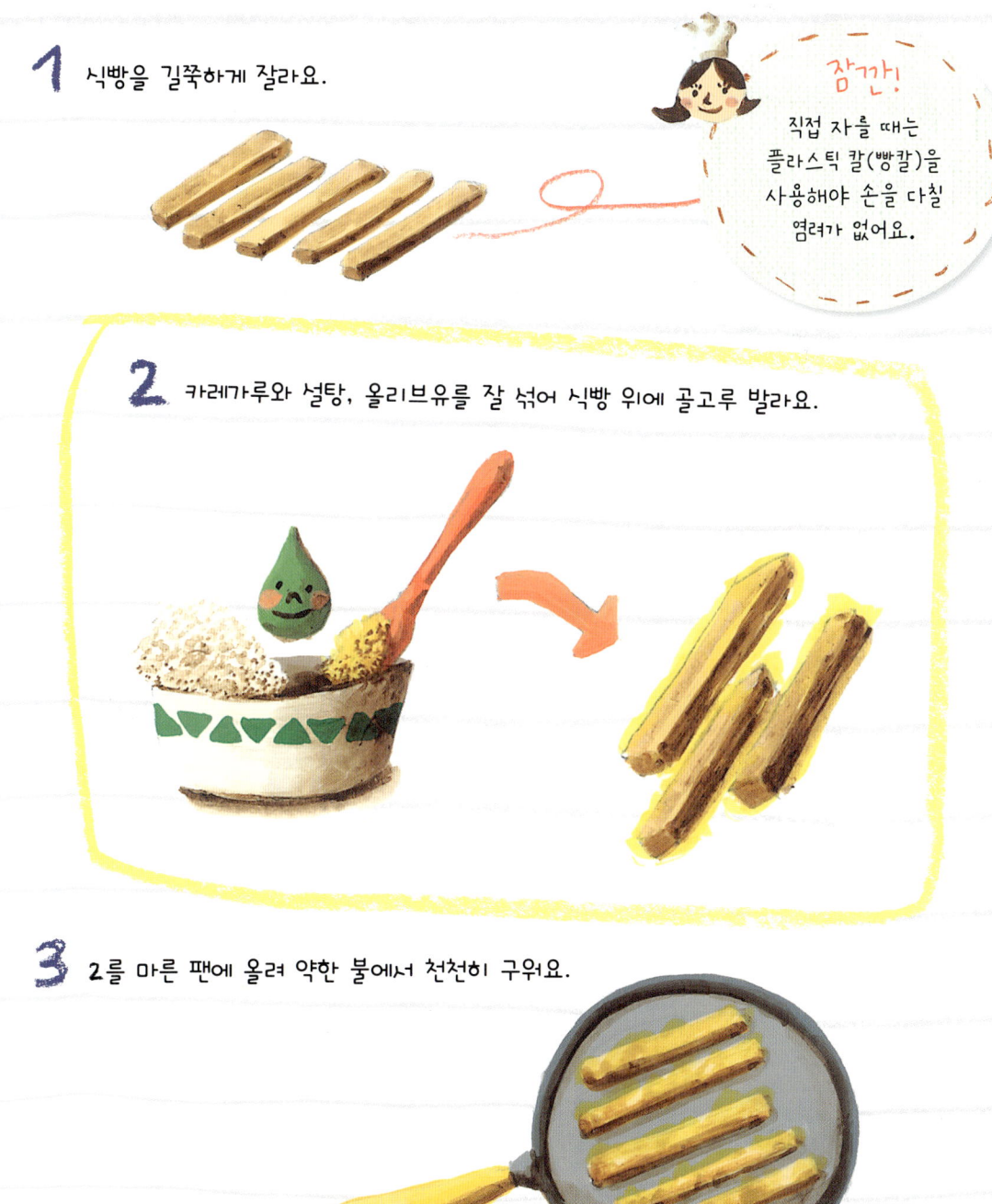

3 2를 마른 팬에 올려 약한 불에서 천천히 구워요.

고구마치즈구이

그라탱처럼 그릇에 재료를 담고 치즈를 올려 굽는 요리예요.
고구마의 속을 파내 고구마 그릇을 만들어요.
도자기 그릇 대신 고구마 그릇을 사용한다니 재미있지요?

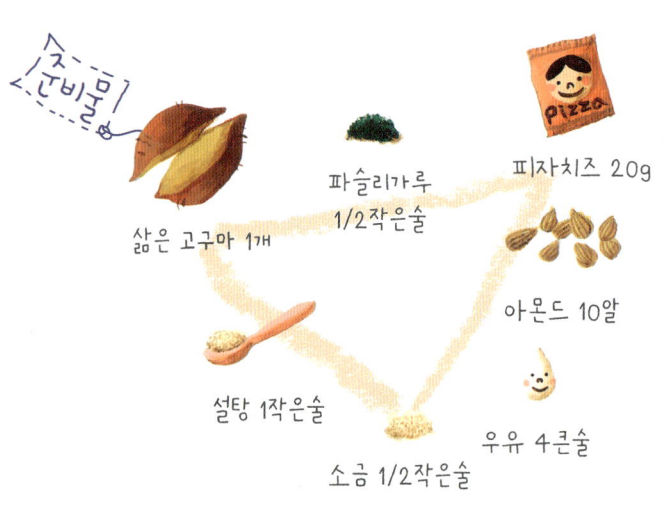

준비물

삶은 고구마 1개
파슬리가루 1/2작은술
피자치즈 20g
아몬드 10알
설탕 1작은술
소금 1/2작은술
우유 4큰술

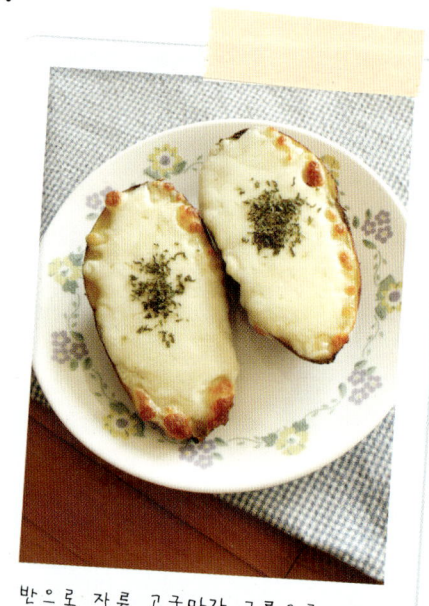

반으로 자른 고구마가 그릇으로
변신했어요!

요리해요

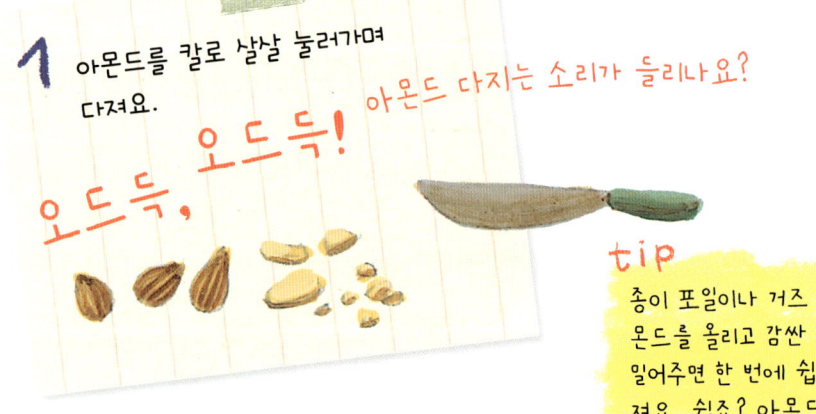

1 아몬드를 칼로 살살 눌러가며
다져요.

아몬드 다지는 소리가 들리나요?

오드득, 오드득!

tip
종이 포일이나 거즈 위에 아
몬드를 올리고 감싼 뒤 밀대로
밀어주면 한 번에 쉽게 다져
져요. 쉽죠? 아몬드 다지기
는 여러분 담당이에요!

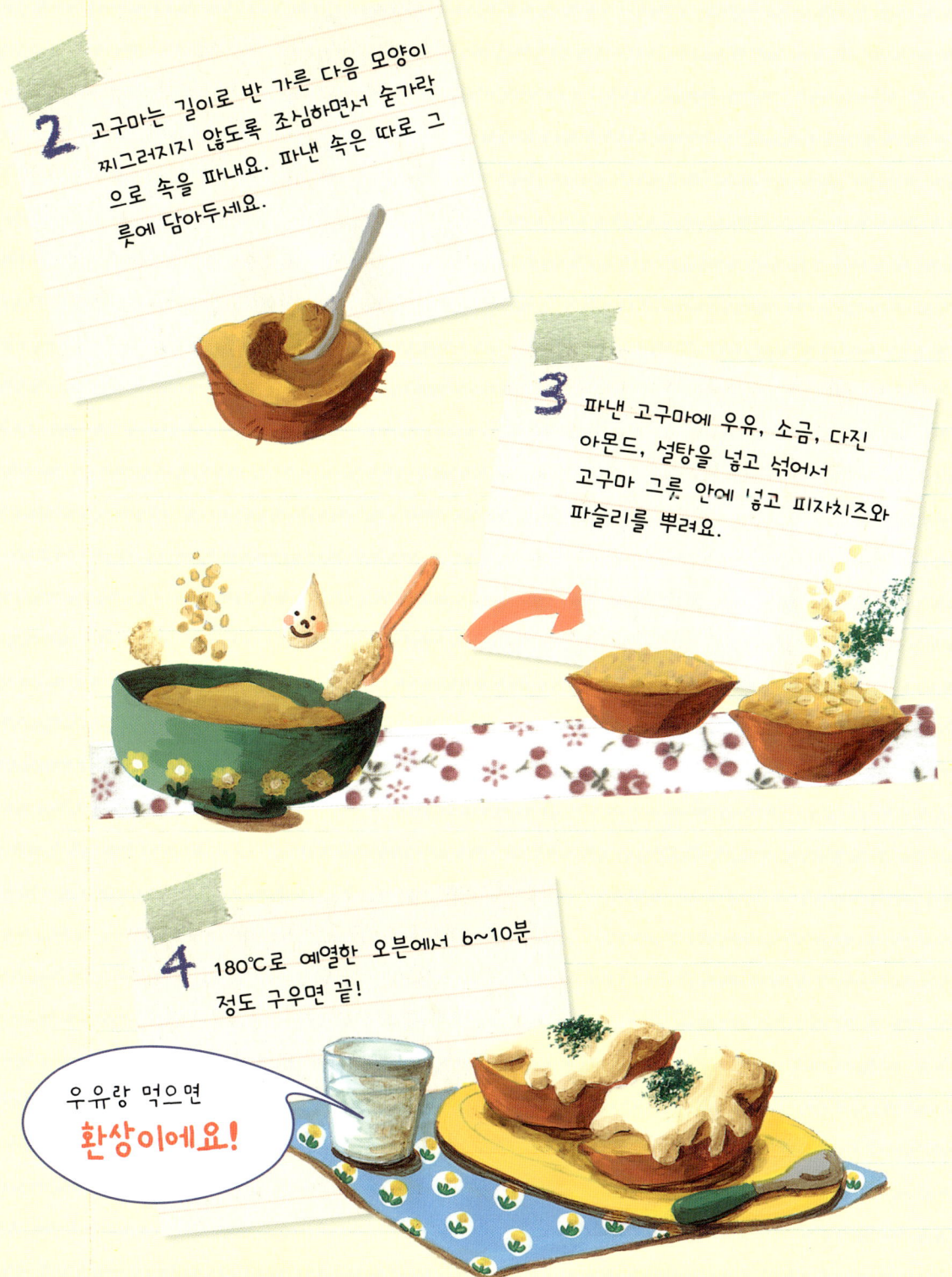

2 고구마는 길이로 반 가른 다음 모양이 찌그러지지 않도록 조심하면서 숟가락으로 속을 파내요. 파낸 속은 따로 그릇에 담아두세요.

3 파낸 고구마에 우유, 소금, 다진 아몬드, 설탕을 넣고 섞어서 고구마 그릇 안에 넣고 피자치즈와 파슬리를 뿌려요.

4 180℃로 예열한 오븐에서 6~10분 정도 구우면 끝!

우유랑 먹으면
환상이에요!

양송이미니피자

버섯과 파프리카는 채소를 편식하는 꼬마들에겐 너무 어려운 재료예요. 하지만 양송이버섯 그릇에 채소 속을 채우고 피자치즈를 듬뿍 올려 구워낸 피자라면 이야기가 달라지죠! 한입 먹어보면 그 맛에 홀딱 반한답니다!

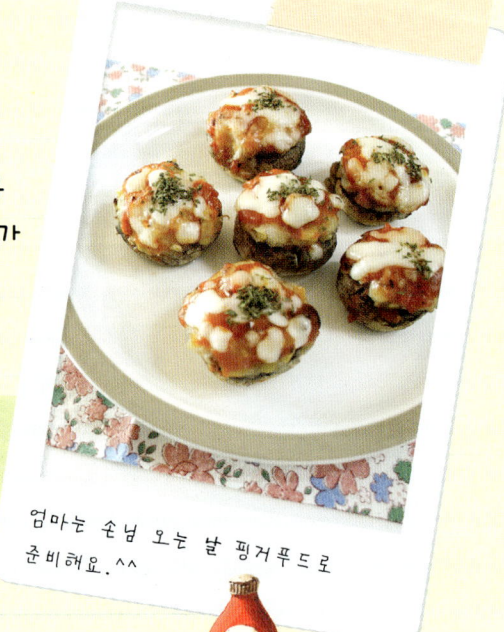

엄마는 손님 오는 날 핑거푸드로 준비해요. ^^

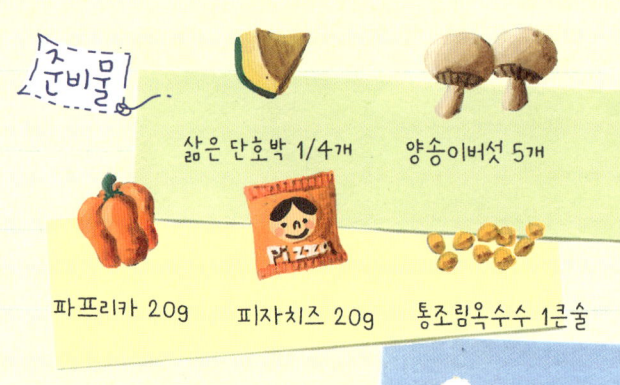

준비물

삶은 단호박 1/4개   양송이버섯 5개

파프리카 20g   피자치즈 20g   통조림옥수수 1큰술

소금 1/2작은술   파슬리가루 1/2작은술   토마토케첩 적당량

요리해요

1 양송이버섯은 밑동을 떼어낸 뒤 갓 부분의 껍질을 살살 벗기거나, 종이타월 또는 마른 천으로 갓의 겉면을 닦아내요.

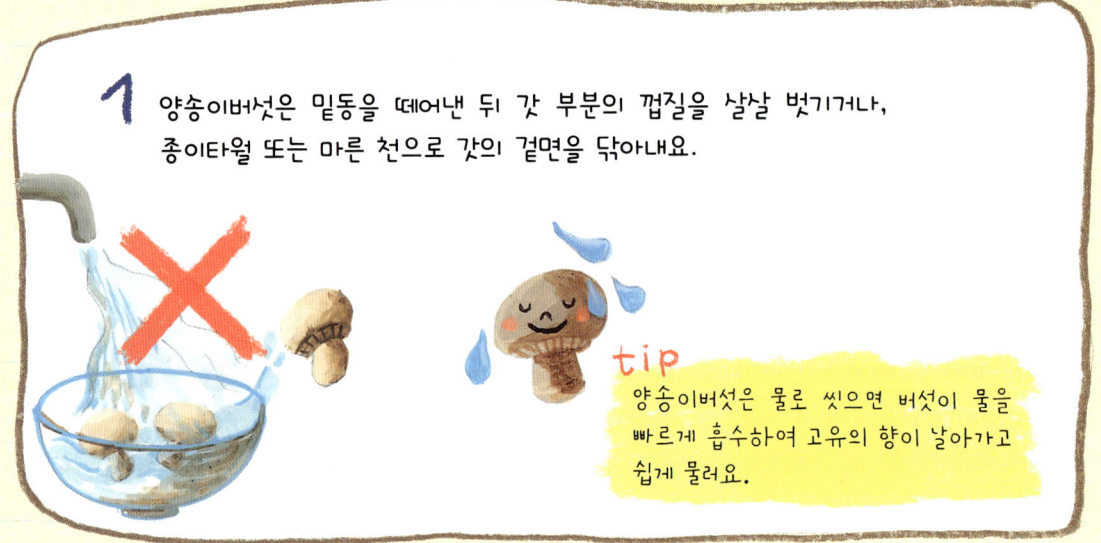

tip
양송이버섯은 물로 씻으면 버섯이 물을 빠르게 흡수하여 고유의 향이 날아가고 쉽게 물러요.

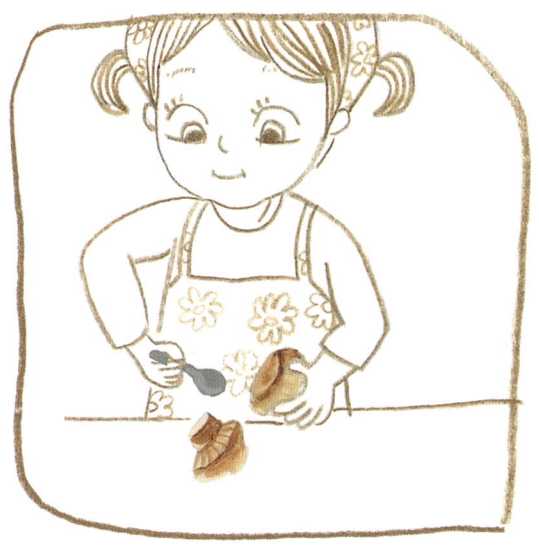

2 양송이버섯의 기둥을 떼고 속을 쏙~
파내 잘게 썰어요. 파프리카도 꼭지와
씨를 제거하고 잘게 썰어요.

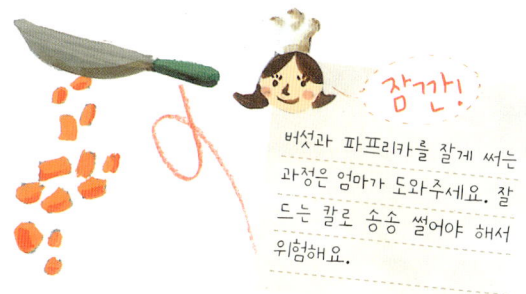

잠깐!

버섯과 파프리카를 잘게 써는
과정은 엄마가 도와주세요. 잘
드는 칼로 송송 썰어야 해서
위험해요.

3 삶은 단호박은 볼에 넣고 숟가락이
나 포크로 눌러 으깨고, 여기에 **2**와
소금, 옥수수를 넣고 잘 섞어요.

4 속을 파낸 양송이버섯의 갓 안쪽에 **3**을
넣고 그림처럼 재료를 착착 쌓아 올려요.

파슬리가루 -----

피자치즈 -----

토마토케첩 -----

5 유산지를 깐 오븐 팬에 올려 180℃로 예열한 오븐에서 15분 정도 익히면 끝!

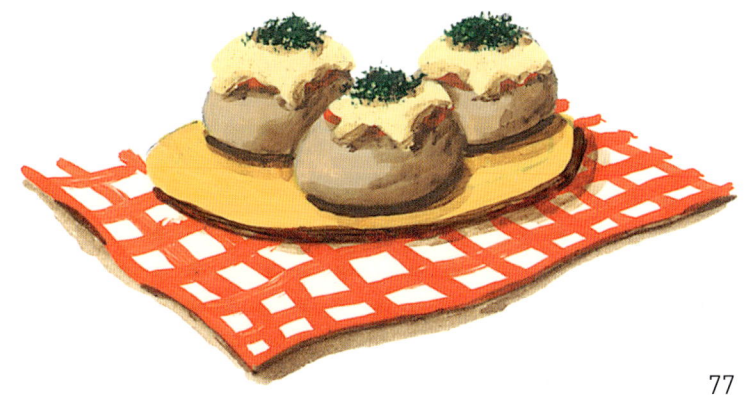

파프리카피자

빵이나 밀가루 반죽 위에 재료를 올려 굽는 피자랑은 다른 방법으로 만들어요.
파프리카를 그릇 삼아 안에 빵과 채소 등을 넣고 구워내지요.
구운 파프리카는 달콤~한 맛이 나요.

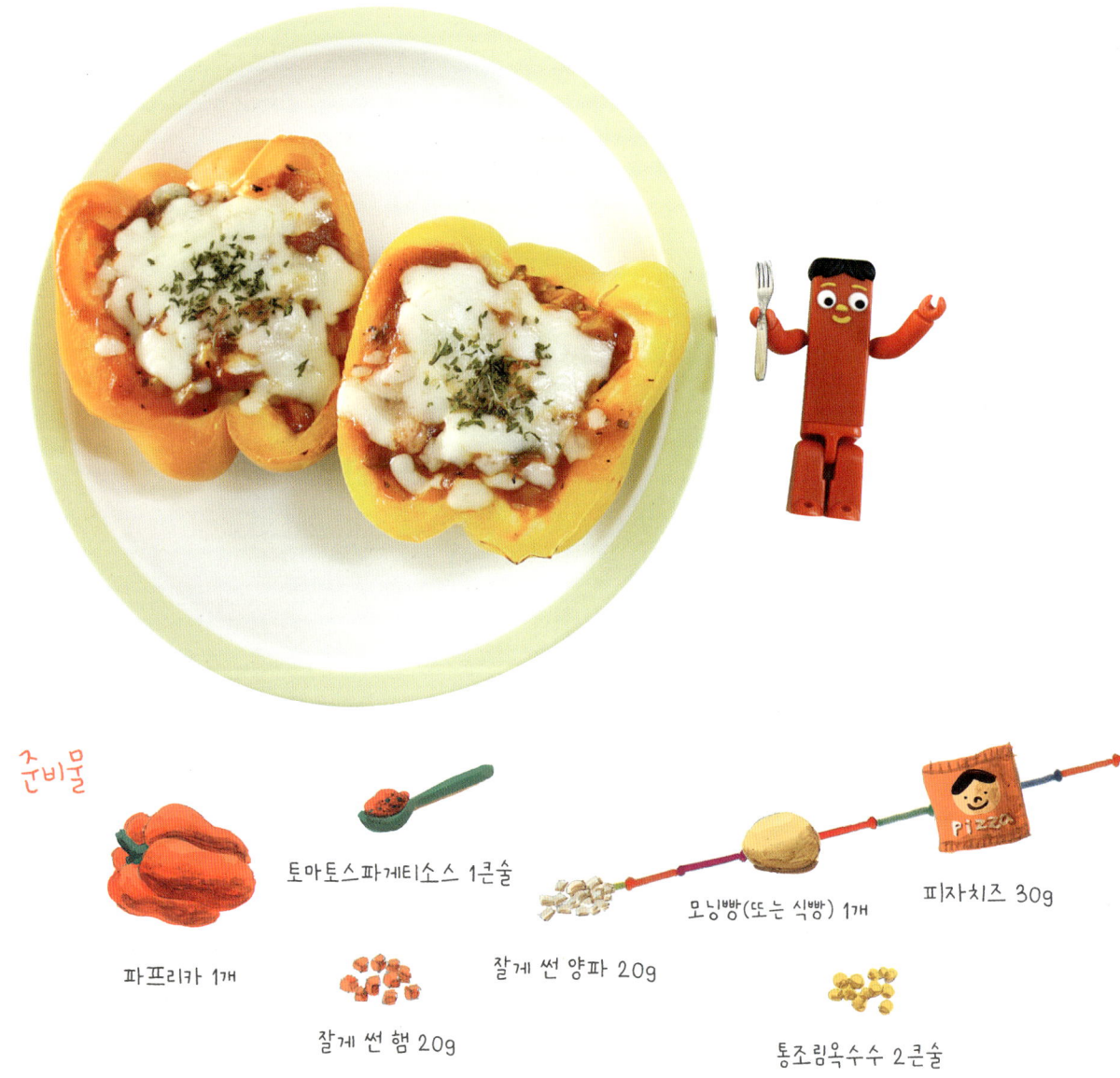

준비물

토마토스파게티소스 1큰술

모닝빵(또는 식빵) 1개

피자치즈 30g

파프리카 1개

잘게 썬 양파 20g

잘게 썬 햄 20g

통조림옥수수 2큰술

요리해요

1 파프리카는 흐르는 물에 뽀득뽀득 깨끗하게 씻은 다음 길이로 반 갈라 씨를 빼주세요.

2 빵을 손으로 뜯어서 파프리카 속에 넣어요.

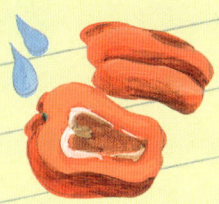

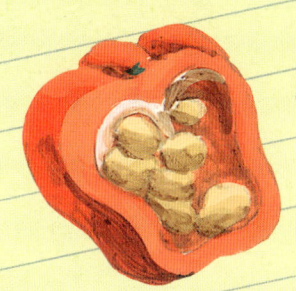

3 2 위에 잘게 썬 양파와 햄, 옥수수를 넣고 스파게티소스와 피자치즈를 뿌려요.

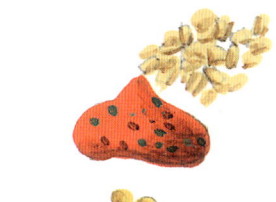

tip
스파게티소스가 없을 때는 토마토케첩을 이용하세요.

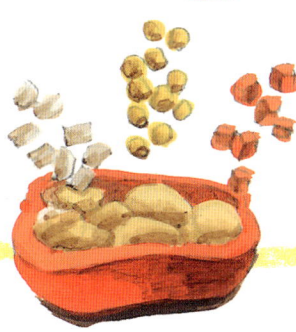

4 180℃로 예열한 오븐에서 10분간 구워요. 완성된 뒤 파슬리가루를 솔솔 뿌려 먹어도 맛있어요.

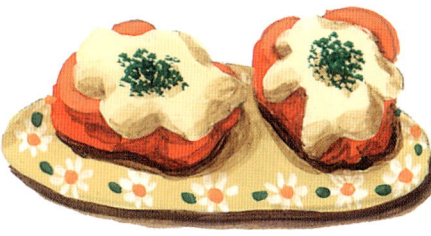

마늘치즈토르티아

마트에서 파는 토르티아만 있으면 아주 간단하게 만들 수 있는 메뉴예요.
오븐이 없거나 오븐을 사용하기 번거롭다면 토스터나 프라이팬으로 만들어도 괜찮아요.

준비물

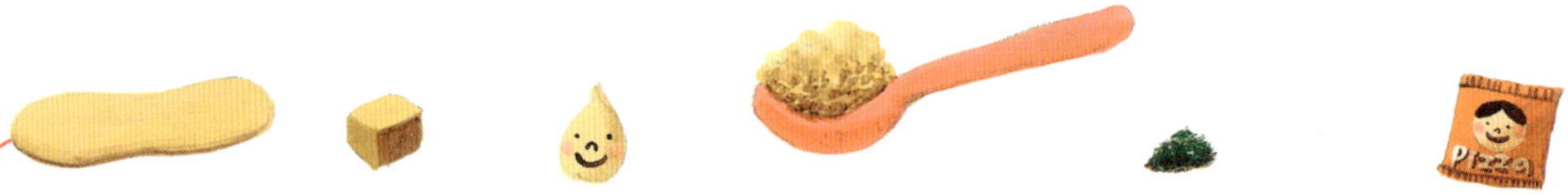

토르티아 1장   버터 1큰술   연유 1큰술   다진 마늘 1큰술   파슬리가루 1작은술   피자치즈 20g

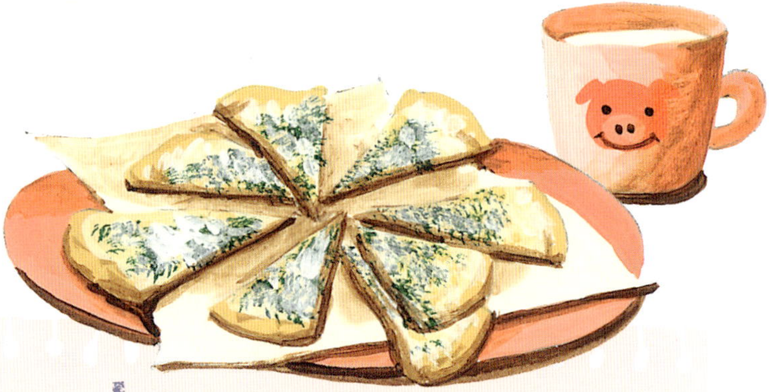

요리해요

1 볼에 버터, 연유, 다진 마늘, 파슬리가루를 넣고 잘 섞어서 토르티아 위에 골고루 발라요.

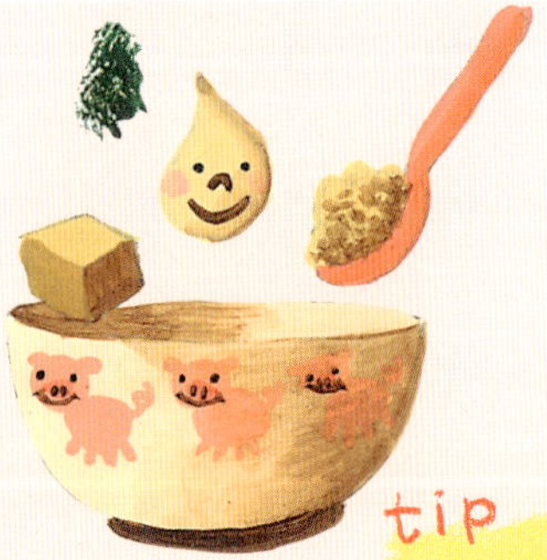

tip
숟가락으로 떠서 토르티아 위에 올리고 숟가락 뒷면으로 펴 바르면 쉬워요.

2 피자치즈를 솔솔 뿌린 뒤 180℃로 예열한 오븐에서 8~10분 정도 구워주세요.

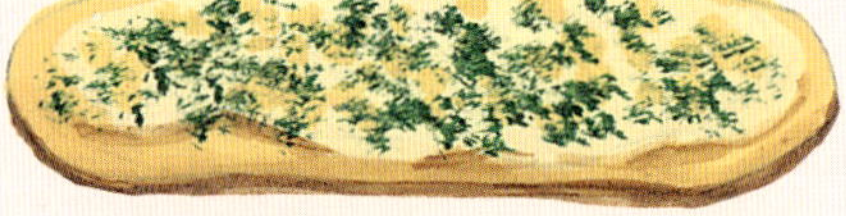

tip
오븐을 사용할 수 없다면 식빵을 눕혀서 구울 수 있는 토스터나 프라이팬을 이용하세요. 프라이팬에서 요리할 때는 뚜껑을 덮어 익히면 돼요.

견과류토르티아

견과류와 꿀, 흑설탕이 들어가 고소하면서도 달콤한 간식이에요.
바삭한 토르티아와 어우러져 호떡과 비슷한 맛이라고 할까요?

준비물

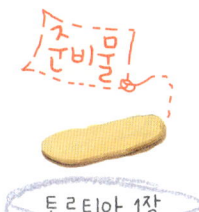

토르티아 1장

버터 1큰술

꿀 2큰술

흑설탕 1큰술

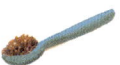

다진 견과류 50g

시나몬파우더 1큰술

요리해요

1 토르티아 위에 버터를 골고루 펴 바른 뒤 꿀을 발라요.

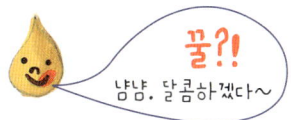

꿀?!
냠냠. 달콤하겠다~

2 1 위에 다진 견과류를 뿌리고 그 위에 흑설탕과 시나몬파우더를 뿌려주세요.

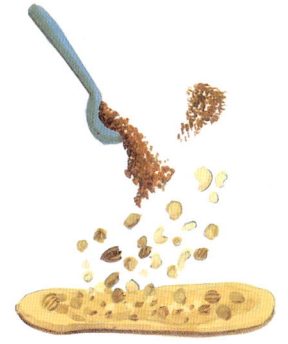

tip
견과류를 다질 때는 종이타
월이나 포일 위에 견과류를
올리고 감싼 뒤 밀대로 밀면
쉽게 다질 수 있어요.

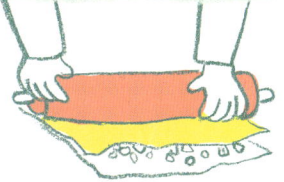

3 180℃로 예열한 오븐에서 7~8분 정도 구워내 먹기 좋은 크기로 잘라
먹으면 돼요.

tip
식기 전에 잘라야 부서지지
않아요. 음식용 가위를 이
용하면 좀 더 편하게 자를
수 있지요.

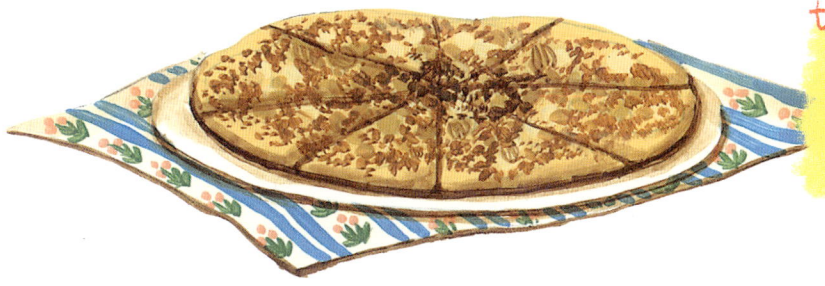

베이컨식빵

베이컨으로 돌돌 만 식빵 속에 달걀과 옥수수가 들어 있어 하나만 먹어도 배가 불러요.
보기보다 만드는 방법이 간단하답니다.
오븐을 쓸 필요도 없으니 엄마가 조금만 도와주면 쉽게 할 수 있어요.

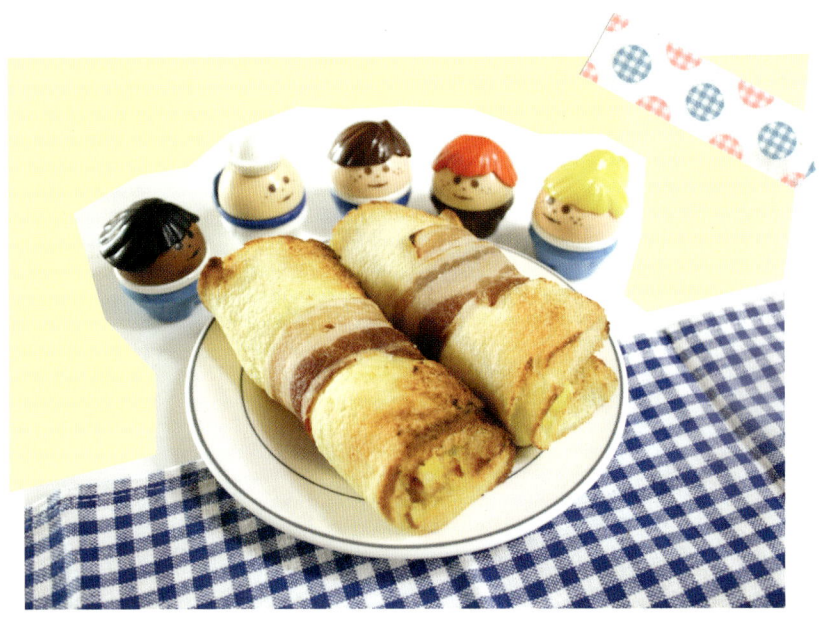

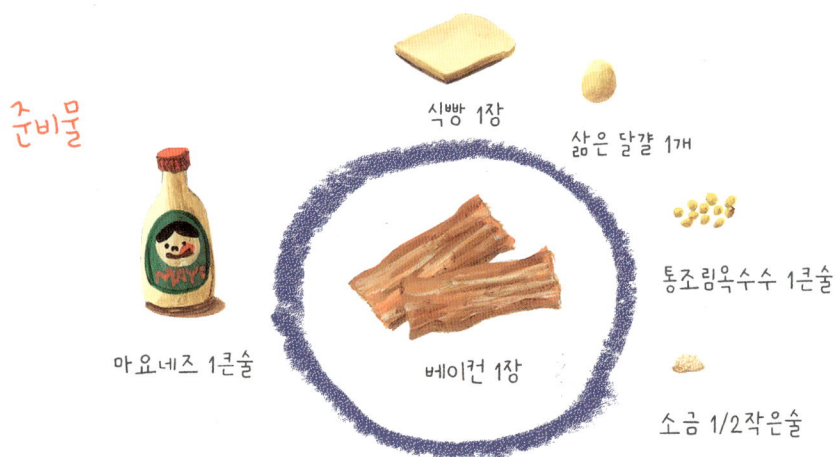

준비물

식빵 1장

삶은 달걀 1개

마요네즈 1큰술

통조림옥수수 1큰술

베이컨 1장

소금 1/2작은술

요리해요

1 식빵을 밀대로 밀어 납작하게 펴주세요.

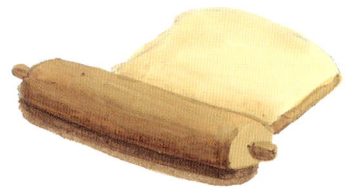

tip

도마 위에 키친타월을 한 장 깔고 그 위에 식빵을 올려요. 도마에 남은 음식냄새가 식빵에 배지 않도록 하는 방법이에요. 엄마가 달걀을 삶는 동안 식빵을 납작하게 만들어두면 시간을 절약할 수 있어요.

2 삶은 달걀은 껍질을 벗겨 볼에 넣고 으깬 다음 소금, 마요네즈, 옥수수를 넣어 조물조물 섞어요.

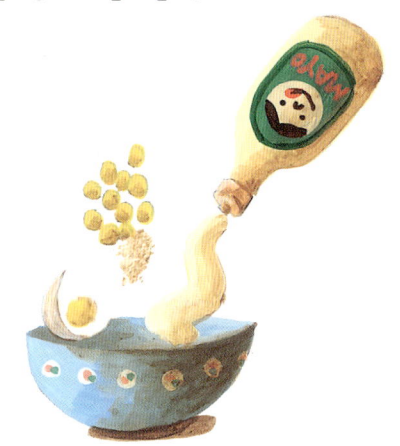

3 식빵 위에 2를 올린 뒤 돌돌 말고 베이컨으로 한 번 감싼 다음 팬에 올려 약한 불에서 구우면 완성!

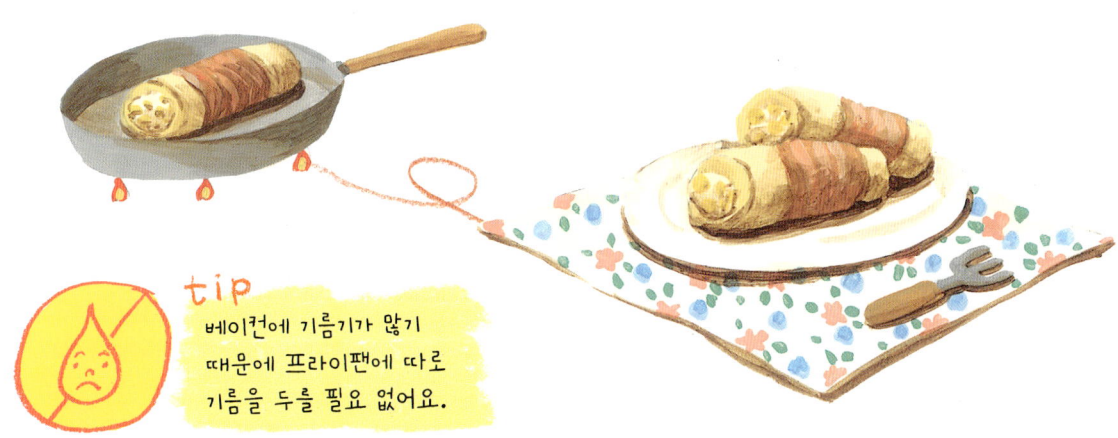

tip

베이컨에 기름기가 많기 때문에 프라이팬에 따로 기름을 두를 필요 없어요.

달걀모닝빵

한 손에 쏙 들어오는 모닝빵으로 만들어 간편하게 들고 먹기 좋아요.
한 개씩 따로따로 포장해 도시락으로 준비해도 좋고요.
달걀 익은 냄새가 고소~해서 군침이 돈답니다.

준비물

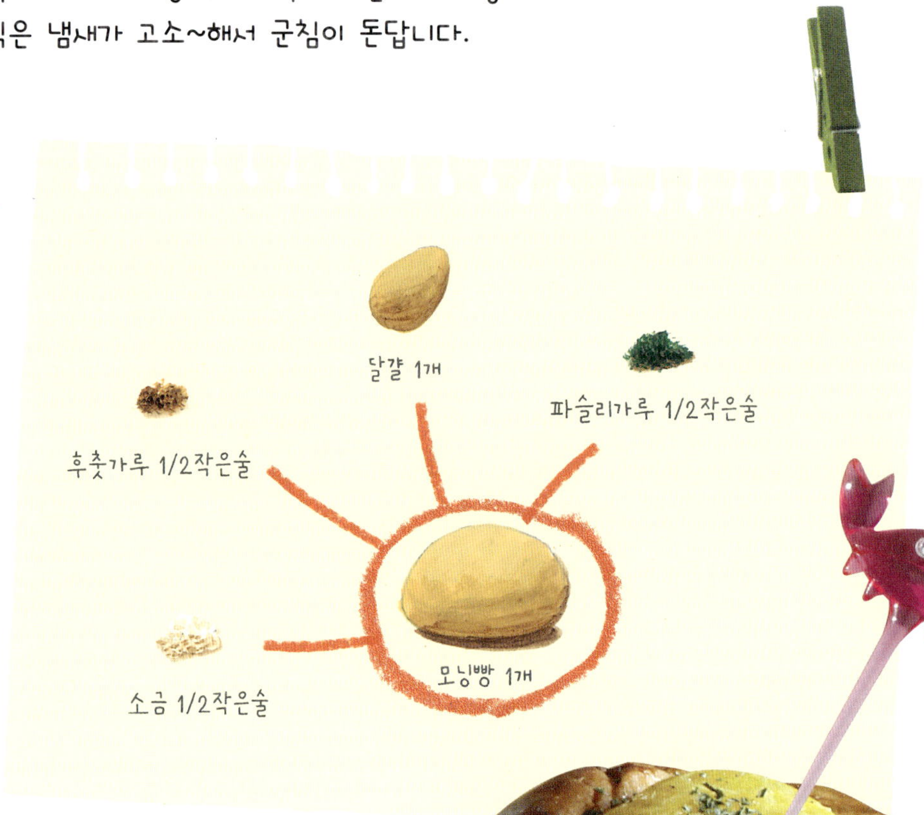
달걀 1개
파슬리가루 1/2작은술
후춧가루 1/2작은술
모닝빵 1개
소금 1/2작은술

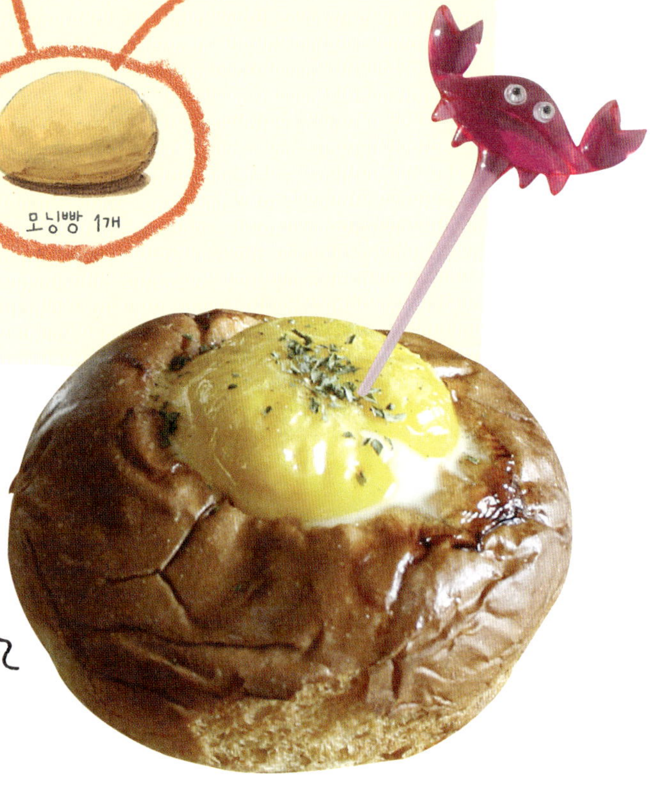

동그란 노른자가 맛있어 보이죠?
배 속에서 꼬르르르

1 모닝빵의 윗부분을 달걀이 들어갈
만큼 손으로 뜯어내요.

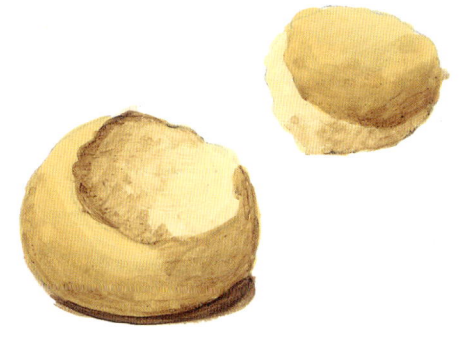

2 달걀을 깨뜨려 모닝빵 안에 넣고 소금,
후춧가루, 파슬리가루를 뿌려주세요.

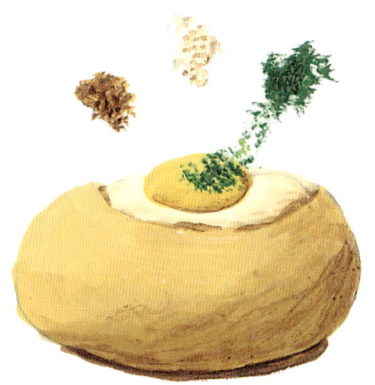

3 180℃로 예열한 오븐에서 10분 정도 익히거나, 전자레인지에 3분 정도 돌리면 끝!

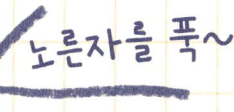

노른자를 푹~

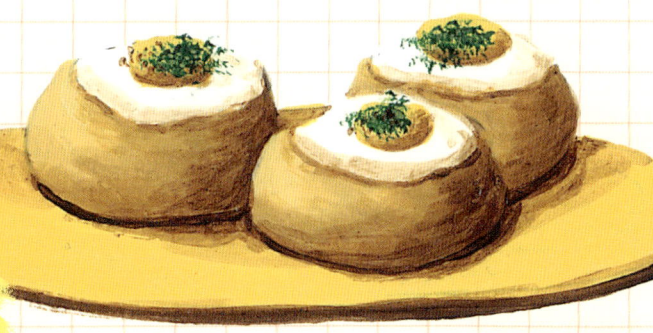

tip
달걀노른자를 이쑤시개로 한
번 푹~ 찌른 다음 익혀야
달걀이 마구 부풀어 오르는
걸 막을 수 있어요.

블루베리스콘

이번에는 조금 더 전문적인 베이킹 과정을 따라 해볼까요?
아무래도 엄마의 도움이 필요하겠지요? 반죽을 만들고 재료를 섞고
기다리는 과정을 거치면서 꼬마요리사도 자신감이
UP! UP! 될 거예요!

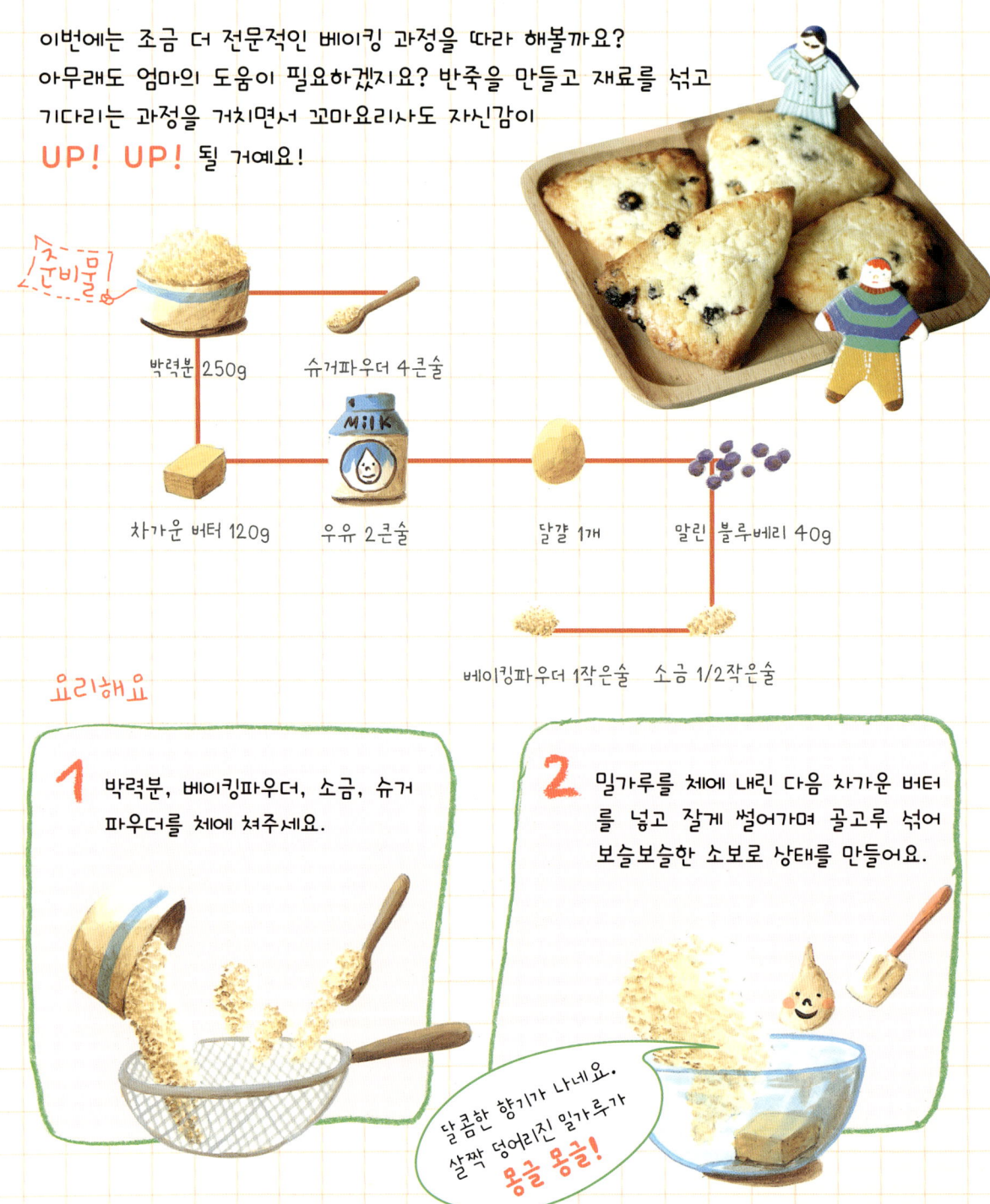

[준비물]

박력분 250g   슈거파우더 4큰술

차가운 버터 120g   우유 2큰술   달걀 1개   말린 블루베리 40g

베이킹파우더 1작은술   소금 1/2작은술

요리해요

1 박력분, 베이킹파우더, 소금, 슈거
파우더를 체에 쳐주세요.

2 밀가루를 체에 내린 다음 차가운 버터
를 넣고 잘게 썰어가며 골고루 섞어
보슬보슬한 소보로 상태를 만들어요.

달콤한 향기가 나네요.
살짝 덩어리진 밀가루가
몽글 몽글!

3 여기에 우유와 달걀을 넣고 밀가루가 보이지 않을 때까지 반죽해요. 말린 블루베리를 넣고 반죽을 한 덩어리로 만든 뒤 비닐로 싸서 냉장고에 30분 정도 넣어두세요.

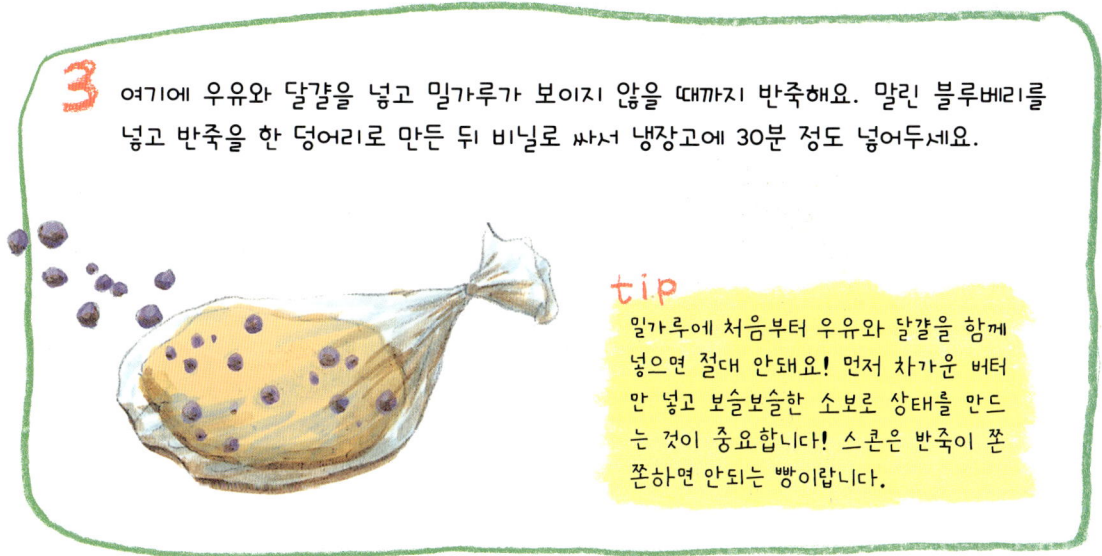

tip
밀가루에 처음부터 우유와 달걀을 함께 넣으면 절대 안돼요! 먼저 차가운 버터만 넣고 보슬보슬한 소보로 상태를 만드는 것이 중요합니다! 스콘은 반죽이 쫀쫀하면 안되는 빵이랍니다.

4 냉장고에서 꺼낸 반죽을 먹기 좋은 크기로 자르거나 쿠키커터로 모양 내 오븐 팬에 올리고 180℃로 예열해둔 오븐에서 20분 정도 구워주세요.

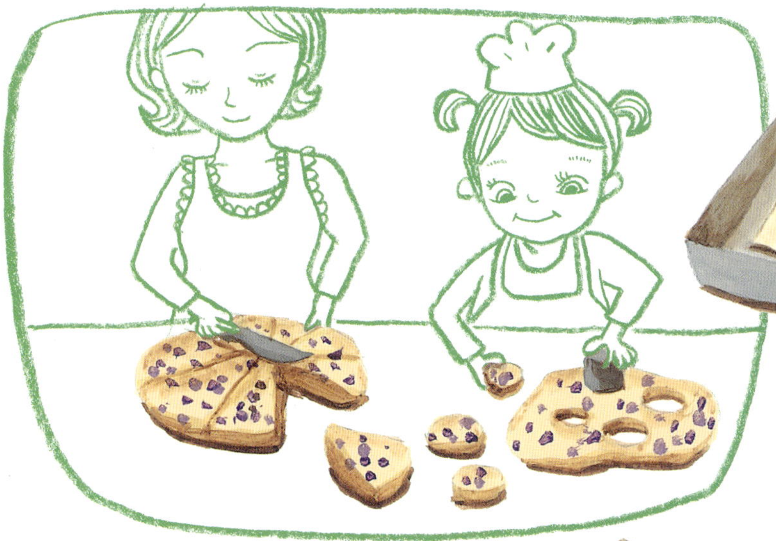

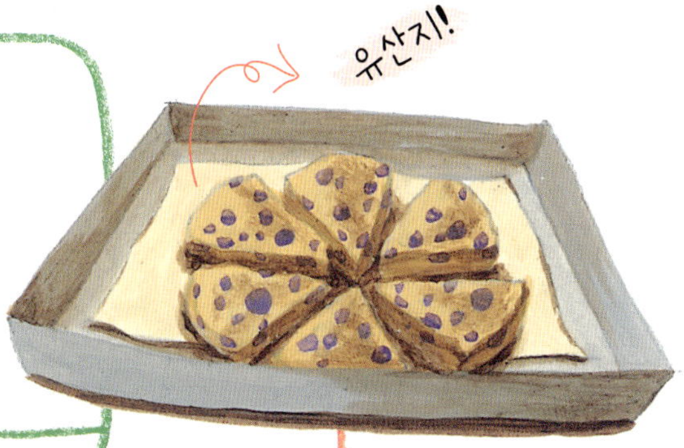

유산지!

잠깐!

오븐 팬에 반죽을 올리기 전에 유산지를 한 장 깔아주세요~

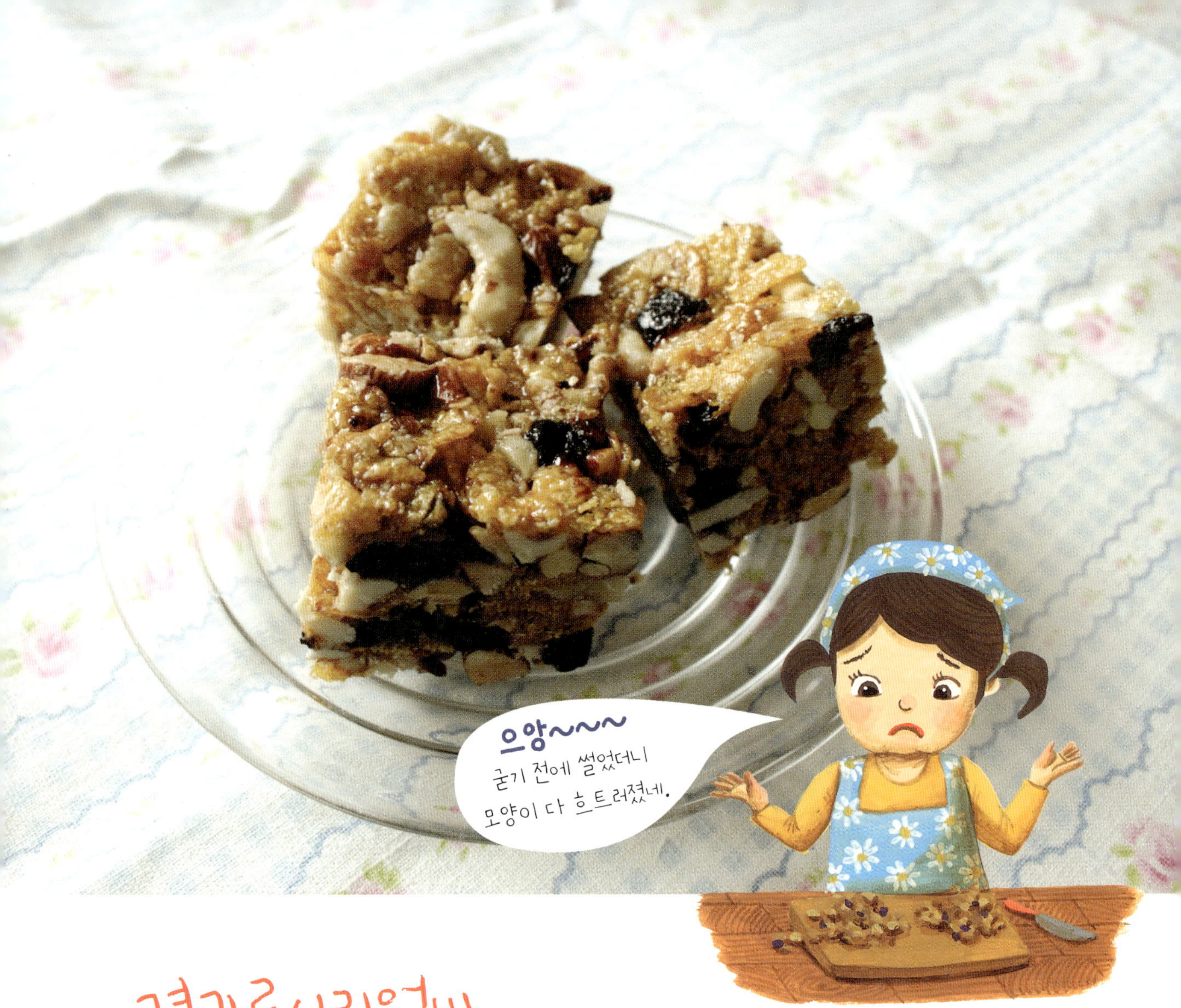

으앙∼∼∼
굽기 전에 썰었더니
모양이 다 흐트러졌네.

견과류시리얼바

전통 과자인 강정 같기도 하고 다이어트할 때 먹는 곡물 바 같기도 해요.

준비물

 아몬드 50g

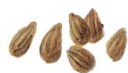 캐슈넛 50g

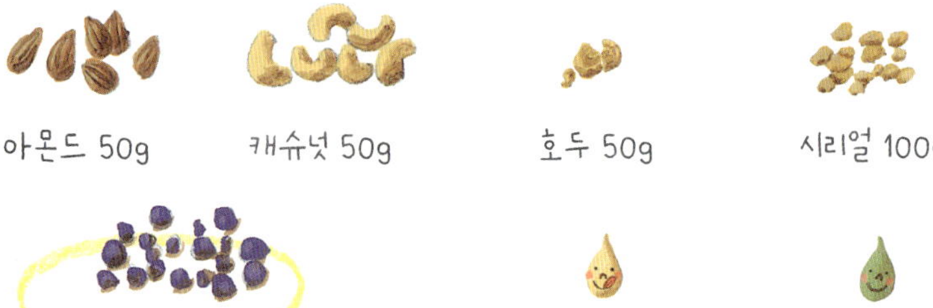

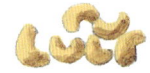 호두 50g

 시리얼 100g

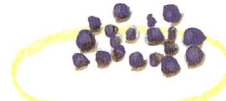 말린 블루베리(또는 건포도나 크렌베리) 50g

 올리고당 2큰술

 올리브유 1큰술

요리해요

1 아몬드, 캐슈넛, 호두를 비닐봉지나 키친타월로 싸서 한두 번 정도 쿵쿵 찧어 다져주세요. 집에 있는 다른 견과류를 넣어도 좋아요.

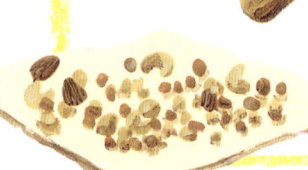

tip
밀대를 이용하거나 음료수가 들어 있는 페트병 등을 이용하면 큰 힘 들이지 않고 다질 수 있어요.

2 마른 팬에 다진 견과류를 넣고 중간 불에서 볶은 뒤 식혀요.

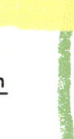

3 2에 말린 블루베리와 시리얼을 넣고 골고루 섞어요.

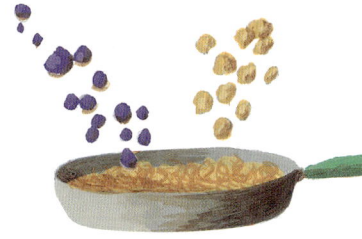

4 약한 불로 달군 팬에 올리브유와 올리고당을 넣고 거품이 날 때까지 끓인 뒤 3을 넣고 약한 불에서 타지 않게 볶아주세요.

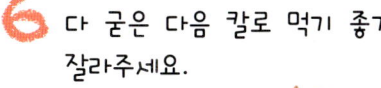

5 네모난 용기에 유산지를 깔고 4를 부어 꾹꾹 눌러 담아요. 이 상태로 상온에서 1시간 이상 식히면서 굳게 놔두어요.

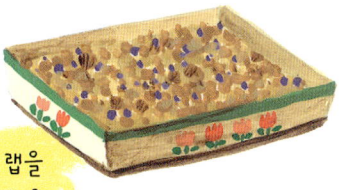

tip
유산지가 없을 때는 랩을 깔거나 그릇에 식용유를 바르면 돼요.

6 다 굳은 다음 칼로 먹기 좋게 잘라주세요.

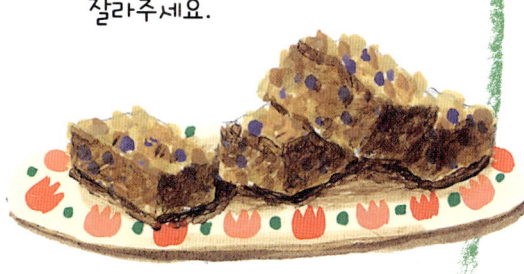

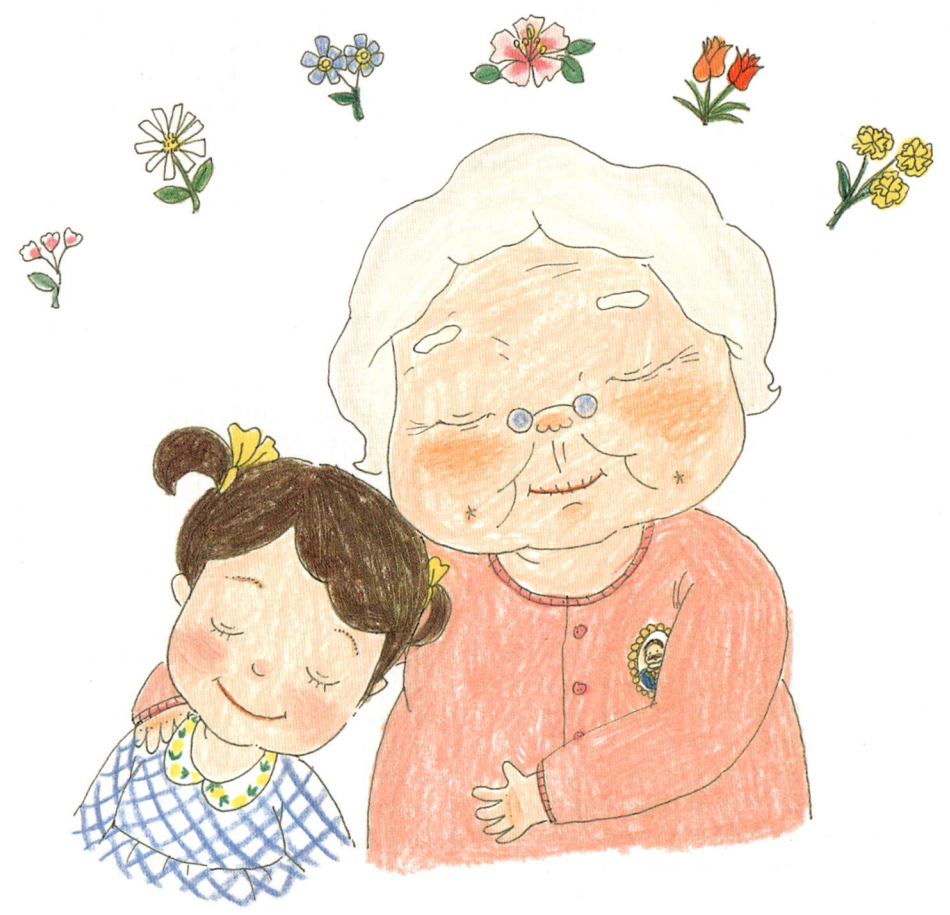

오늘은 할머니 오시는 날이에요.

어릴 적부터 할머니랑 함께 보낸 시간이 많아서인지
우린 참 친해요.
할머니랑 난 서로 많이많이 사랑하는 사이예요.

이가 약한 할머니를 위해 부드러운 간식을 만들려고 해요.
달콤하면서 부드럽게 씹히는 바나나가 주인공이에요.
디저트로는 달콤이 중의 달콤이, 푸딩을 준비했어요!

아∼ 오늘도 할머니 품에 꼬옥∼ 안겨 놀아야지.
정말 포근해요.

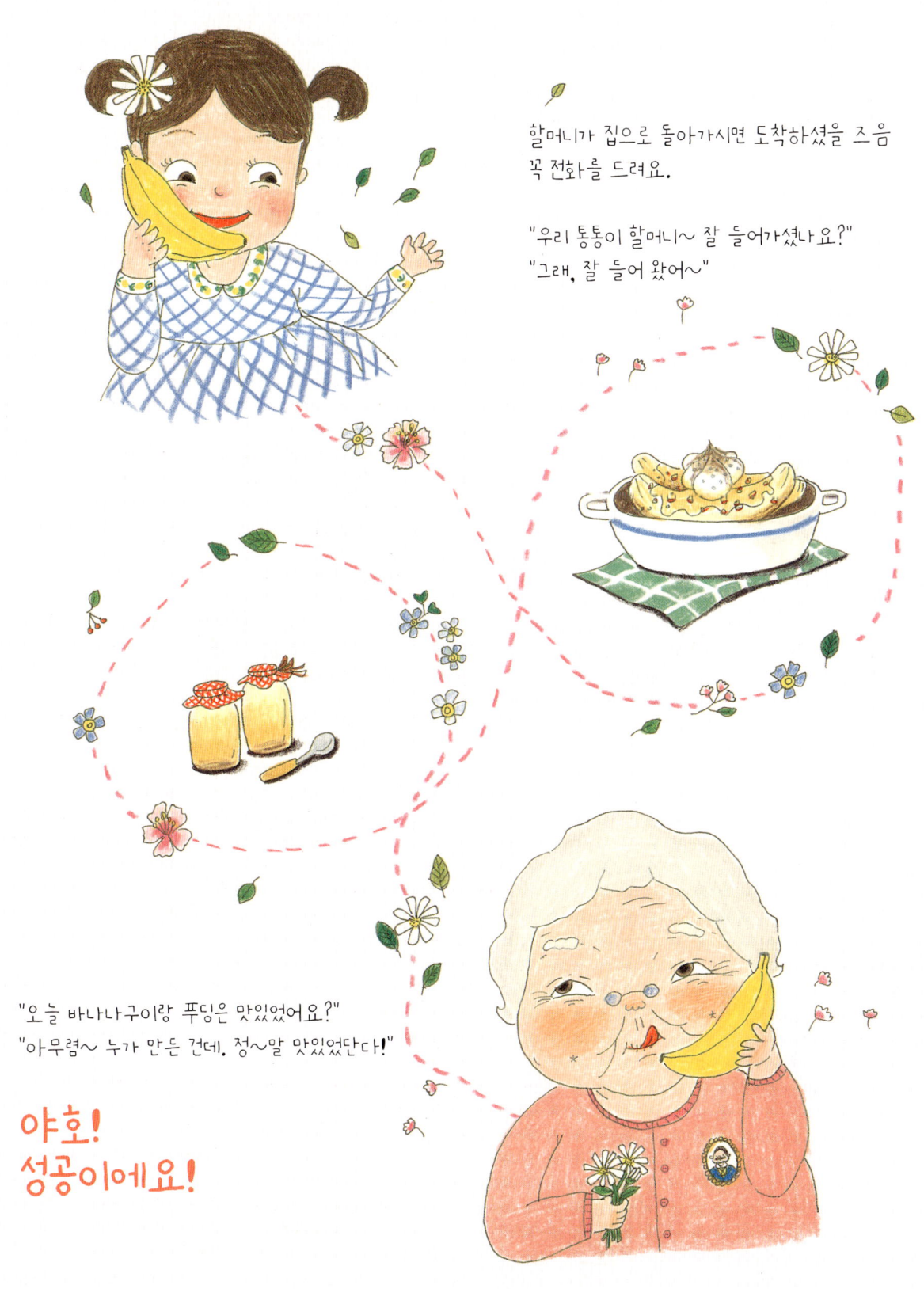

할머니가 집으로 돌아가시면 도착하셨을 즈음
꼭 전화를 드려요.

"우리 통통이 할머니~ 잘 들어가셨나요?"
"그래, 잘 들어 왔어~"

"오늘 바나나구이랑 푸딩은 맛있었어요?"
"아무렴~ 누가 만든 건데. 정~말 맛있었단다!"

야호!
성공이에요!

제목 : 시나몬바나나구이

크리스마스와 같이 특별한 날 만들어도 잘 어울릴 만한 요리지요?
어른도 아이도 모두 좋아하는 간식이에요.
한 번 먹어보면 달콤하면서 쫀득한 맛에 반할 거예요~

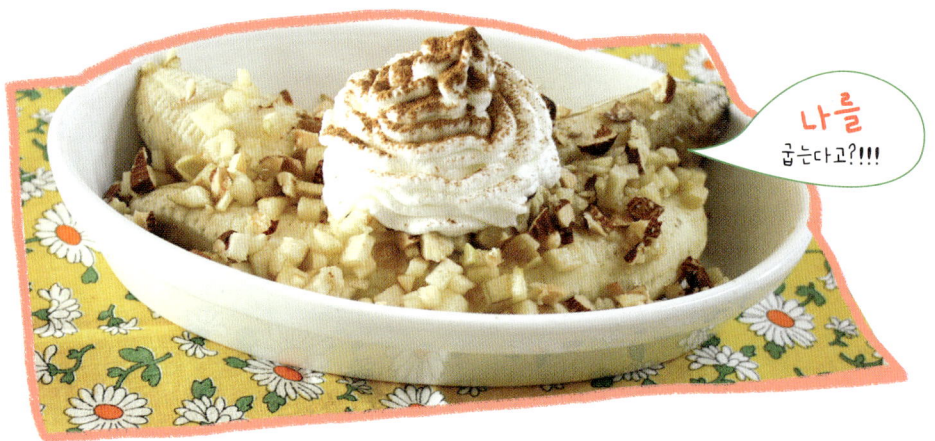

나를
굽는다고?!!!

준비물

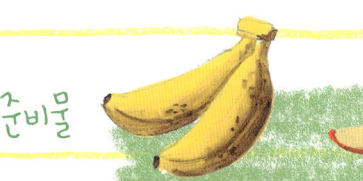

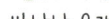

바나나 2개　　　사과 1조각　　　아몬드 6알　　　레몬즙 1작은술

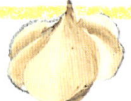

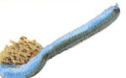

버터 1작은술　시나몬파우더 1작은술　생크림 1큰술　　황설탕 1큰술

요리해요

1 바나나는 껍질을 벗겨요. 버터와 레몬즙을 섞어서 바나나에 골고루 발라주세요.

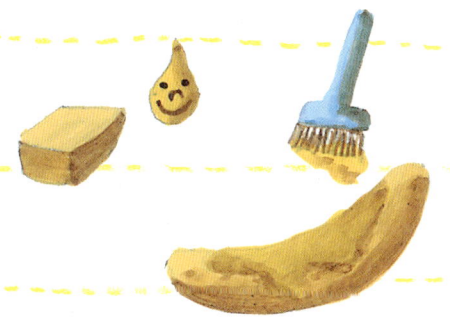

2 사과는 잘게 썰어 볼에 넣고 황설탕과 버터를 넣어 섞어요. 아몬드는 잘게 다져주세요.

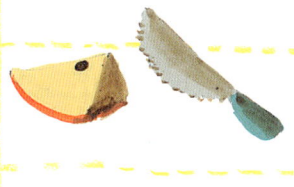

tip
아몬드를 다질 때는 비닐 봉지에 아몬드를 넣고 밀대나 음료수가 들어 있는 페트병 등으로 눌러 콩콩! 찧으면 편해요.

3 1의 바나나에 2를 뿌린 다음 180℃로 예열한 오븐에서 15분 정도 구워주세요.

tip
오븐용 그릇인 그라탱 용기를 사용하면 가장 좋아요.

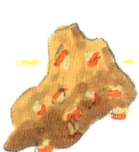

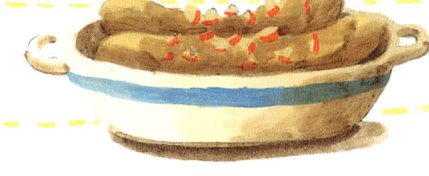

4 생크림을 올리고 위에 시나몬파우더를 뿌려 마무리하세요.

다진 아몬드가 남아 있으면 위에 뿌려 먹어도 좋아요!

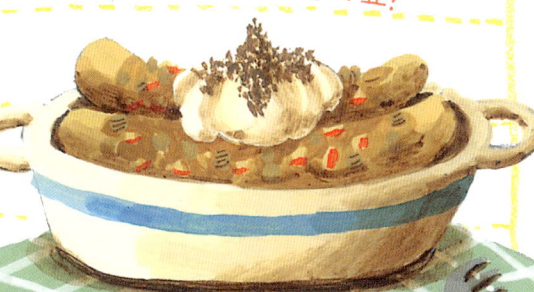

바삭바삭 초콜릿

시중에 판매하는 초콜릿을 그대로 먹는 것보다 곡물이 함유된 시리얼을 넣어
영양 성분을 조금 추가했어요. 생크림과 버터가 들어가 한결 부드럽고요.
밸런타인데이에 만들어 짝꿍에게 선물하면 어떨까요?

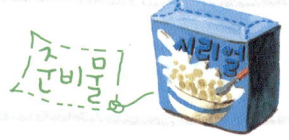
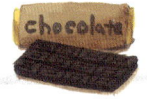

시리얼 50g　　초콜릿(16x7cm) 4개　　생크림 1큰술　　버터 2큰술

요리해요

1 시중에서 판매하는 판 초콜릿을
준비해 잘게 부셔주세요.

tip
비닐봉지에 넣고 살살
두드려 부수면 편해요.

2 유리그릇에 초콜릿을 넣고
전자레인지에서 30초 정도 가열해 녹인 뒤
버터와 생크림, 시리얼을 넣고 주걱으로 저
어가며 섞어요.

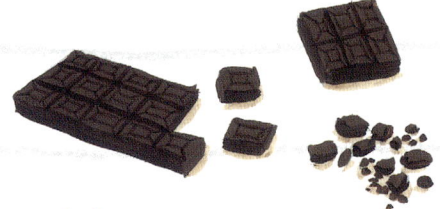

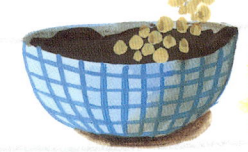

tip
크게 씹히는 식감이 싫다면
시리얼을 잘게 부셔서 넣어
도 좋아요. 비닐봉지에 시리
얼을 넣고 손으로 주물러요.

3 2를 한 숟가락씩 떠서 도마나 식힘망
위에 올려 식혀요.

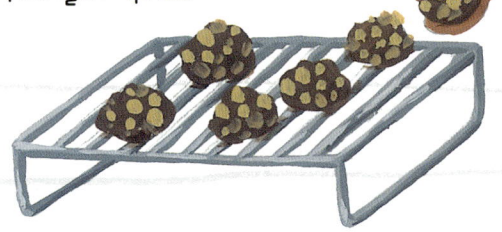

tip
숟가락을 사용해야 달라붙
지 않고 동글동글 예쁘게 모
양을 만들 수 있어요.

애플치즈

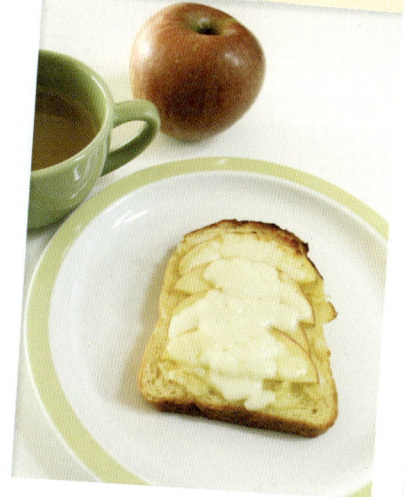

사과와 피자치즈가 만나면 무슨 맛일까?

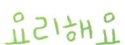
준비물

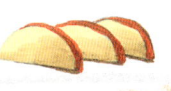
얇게 썬 사과 4쪽

버터 1큰술

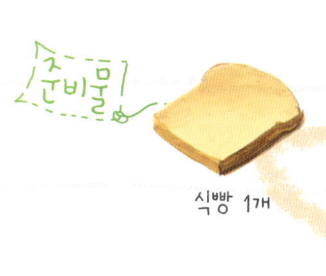
식빵 1개

피자치즈 1주먹

사과잼 1큰술

요리해요

1 식빵에 버터를 조금 덜어 골고루 펴 발라요.

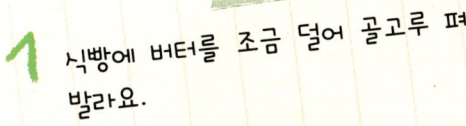

2 버터 위에 사과잼과 사과를 올리고 180℃로 예열한 오븐에서 8~10분 정도 구워주세요.

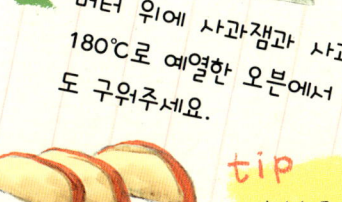

tip 피자치즈가 노릇노릇해지면서 녹을 때까지 구워요!

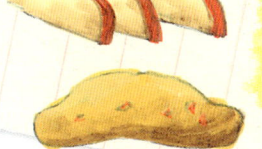

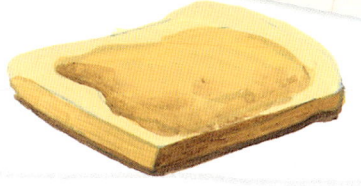

코코넛아몬드쿠키

요즘 홈메이드 쿠키가 유행이지요? 집에서 엄마가 만들어준 쿠키는 왠지 더 맛있어요.
아마 안심하고 먹을 수 있는 재료에 정성을 듬뿍 더해 그런가 봐요.
이제부터는 엄마와 함께 쿠키를 만들어보세요.

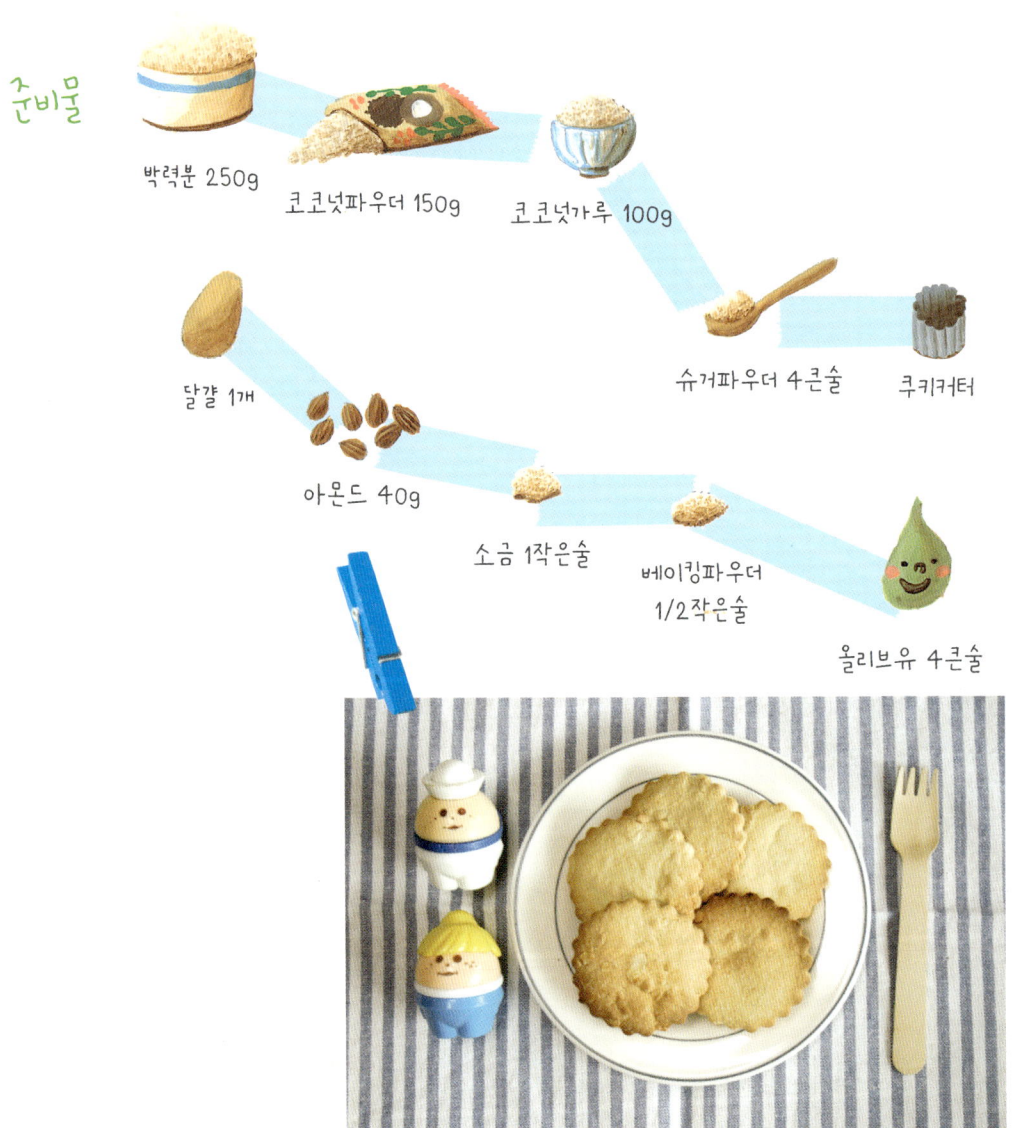

준비물

박력분 250g

코코넛파우더 150g

코코넛가루 100g

슈거파우더 4큰술

쿠키커터

달걀 1개

아몬드 40g

소금 1작은술

베이킹파우더
1/2작은술

올리브유 4큰술

요리해요

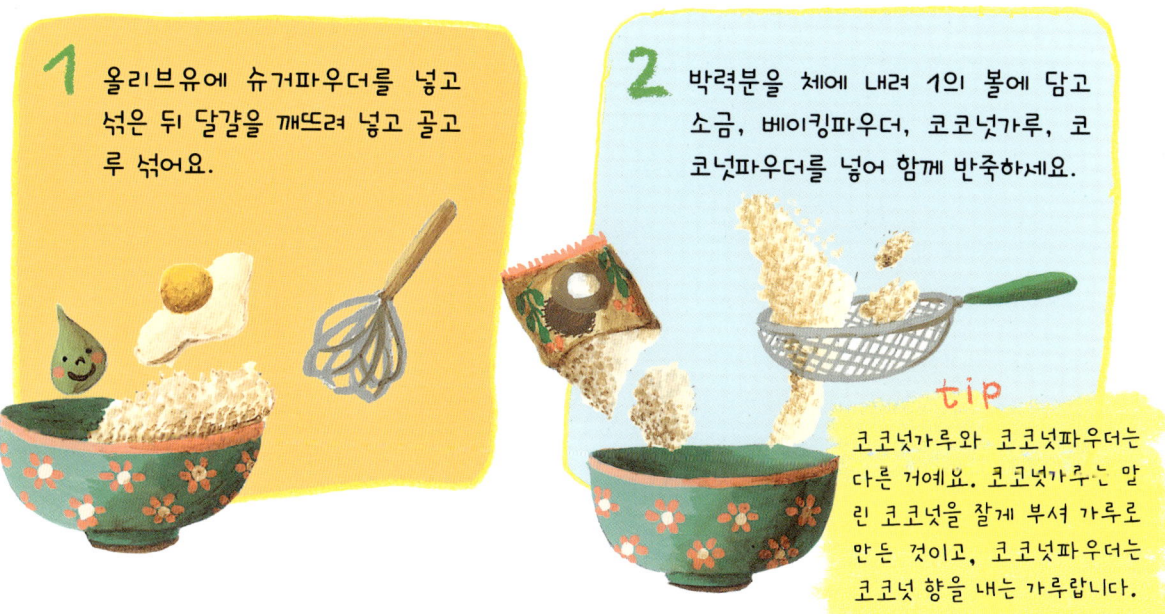

1 올리브유에 슈거파우더를 넣고
섞은 뒤 달걀을 깨뜨려 넣고 골고
루 섞어요.

2 박력분을 체에 내려 1의 볼에 담고
소금, 베이킹파우더, 코코넛가루, 코
코넛파우더를 넣어 함께 반죽하세요.

tip

코코넛가루와 코코넛파우더는
다른 거예요. 코코넛가루는 말
린 코코넛을 잘게 부셔 가루로
만든 것이고, 코코넛파우더는
코코넛 향을 내는 가루랍니다.

3 아몬드는 너무 잘지 않게 다진 다음
반죽에 섞어주세요.

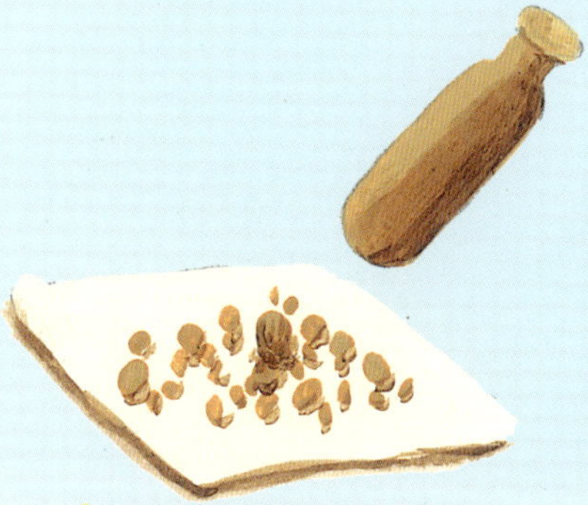

4 반죽을 밀대로 밀어 넓게 펴고
쿠키커터로 모양을 만들어 유
산지를 깐 오븐 팬 위에 올려
요. 180℃로 예열한 오븐에서
15~20분 정도 구워내면 완성!

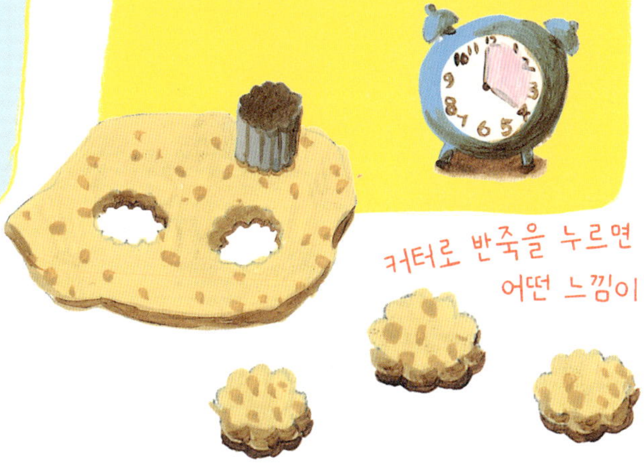

커터로 반죽을 누르면
어떤 느낌이 날까요?

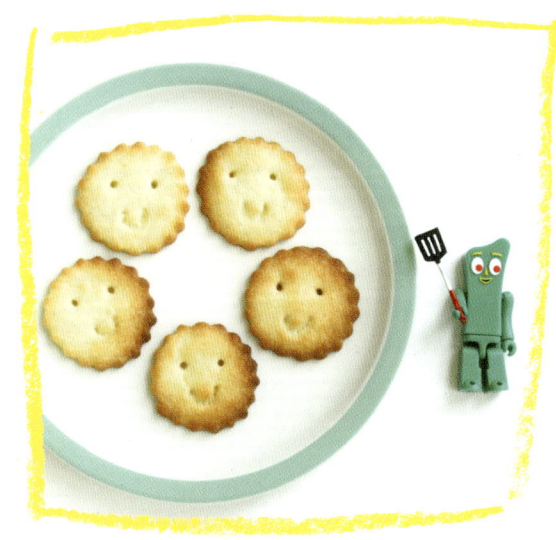

연유쿠키

준비물이 정말 간단하지요? 밀가루와 설탕, 버터는 집에 있을 테고, 연유만 미리 사다두면 돼요. 오븐에 넣고 10분만 기다리면 달콤~ 부드러운 쿠키가 눈앞에 짠! 나타납니다.

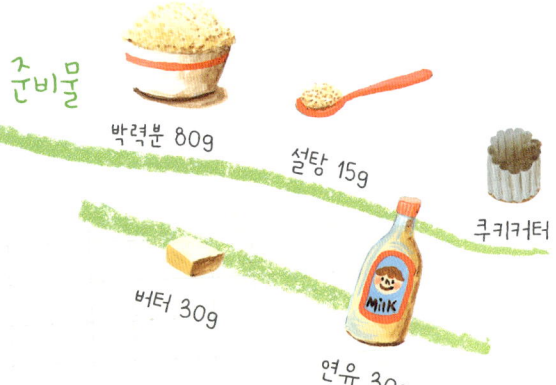

준비물

박력분 80g

설탕 15g

쿠키커터

버터 30g

연유 30g

요리해요

1 상온에 두어 말랑말랑한 버터와 설탕, 연유를 볼에 넣고 섞은 다음 박력분을 체에 내려 넣어 함께 반죽하세요.

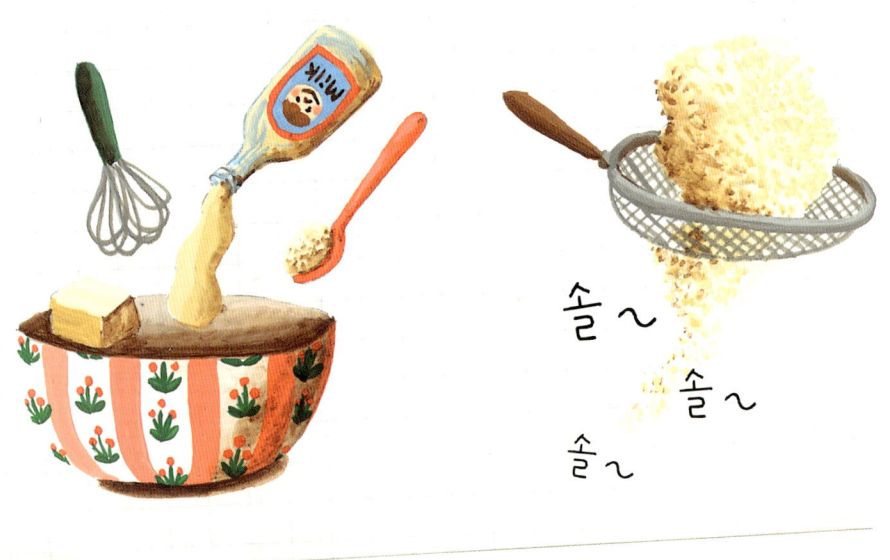

솔~

솔~

솔~

2 반죽을 밀대로 밀어 넓게 펴고 쿠키커터로 모양을 만들어 유산지를 깐 오븐팬에 올린
다음 180℃로 예열한 오븐에서 10~12분 정도 구워주세요.

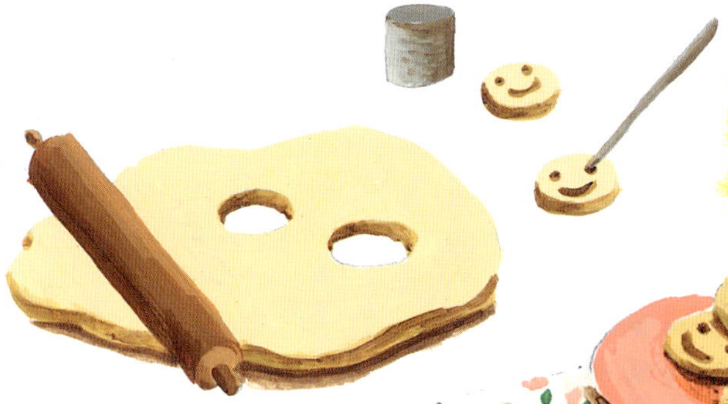

tip

눈이랑 입을 젓가락으로 콕콕
찍어 만들면 귀여운 모양의
쿠키가 완성됩니다~

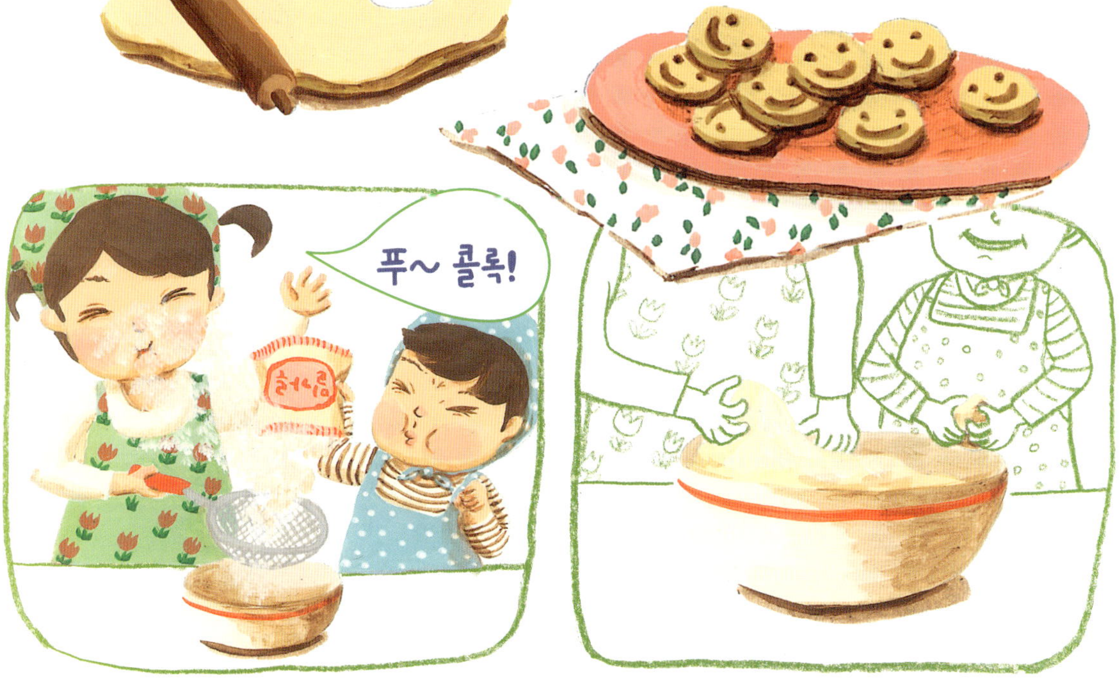

푸~ 콜록!

히히히

누나! 난 공룡 발바닥
모양을 만들거야.

그래!

난 컵을 이용하려고~

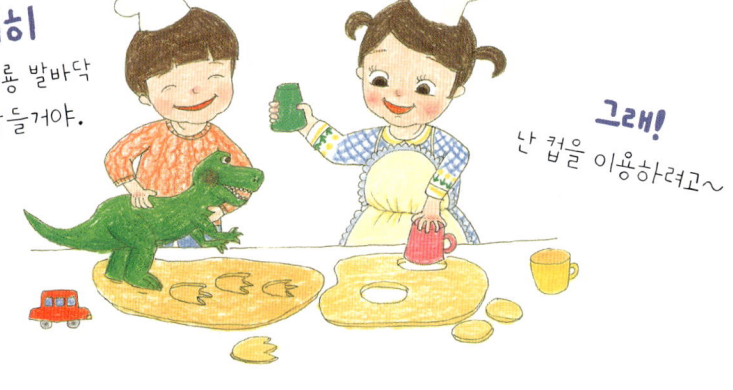

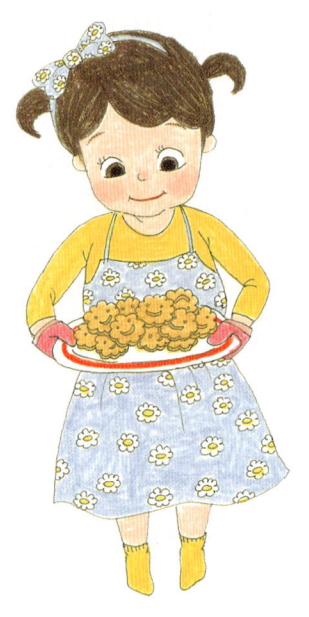

친구들이 집에 놀러오기로 했어요.
나랑 제일 친한 아이들이에요.
함께 만화영화를 보기로 했지요.

'뭘 좀 만들어주고 싶은데······.'

TV 보면서 먹을 쿠키를 구워야겠다!
밀가루는 어디 있지? 우유는 있나?
아직 혼자서는 오븐을 사용할 수 없으니
엄마랑 같이 만들어야지.

친구들이 오기 전날 고소한 쿠키를 잔뜩 구웠어요.
스마일~ 하며 웃고 있는 쿠키예요.
내가 진짜 좋아하는 거랍니다.

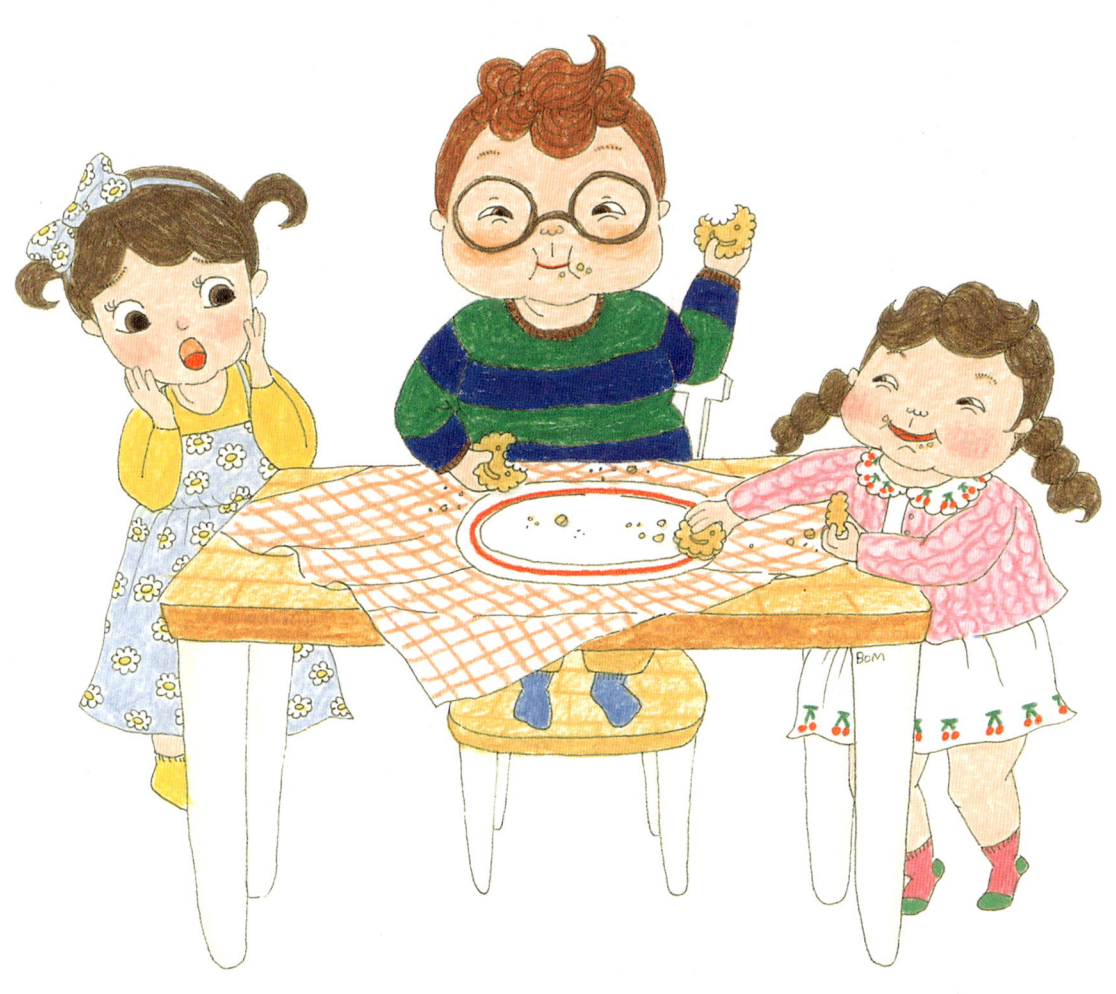

딩동!
친구들이 왔어요.
조금 놀다가 쿠키 생각이 나서 식탁에 가봤죠.

어머나! 이게 어떻게 된 일이야?
맙소사~
친구들이 벌써 쿠키를 다 먹어버렸어요.
내 건 한 개도 남기지 않았잖아~~~

쿠키가 있는 걸 어떻게 알았지?
그래도 뭐,
내가 만든 쿠키가 맛있었다니, 기분 좋네요!

아몬드강정

할머니가 좋아하시던 강정을 요즘 입맛에 맞는 버전으로 만들어봤어요.
아몬드가 주재료이고 설탕과 꿀이 들어가 쫀득하고 달콤해지지요.
아몬드를 잠깐 동안 삶아내면 너무 딱딱하지 않게 먹을 수 있어요.

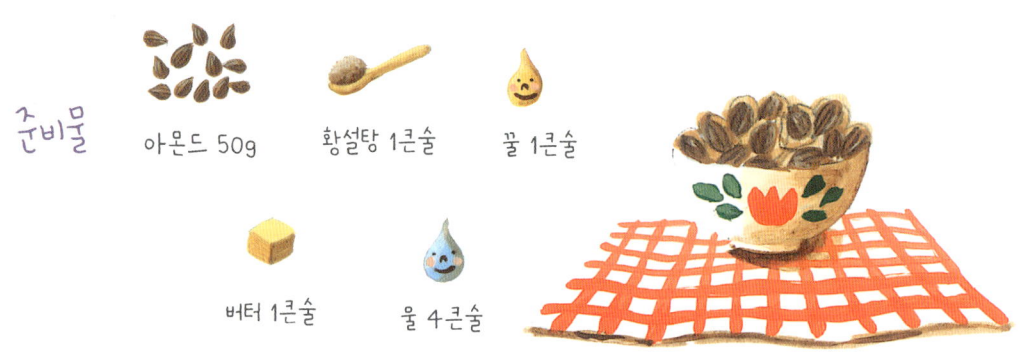

준비물 아몬드 50g   황설탕 1큰술   꿀 1큰술

버터 1큰술   물 4큰술

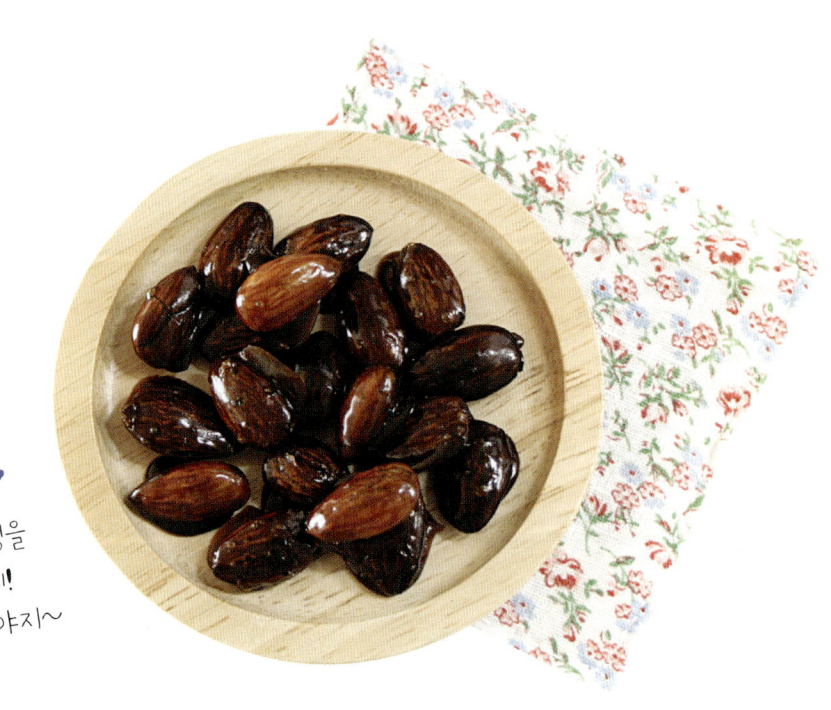

우와~

엄마가 내 사랑 아몬드강정을
이렇게 잔뜩 만들어주셨네!
다음엔 나도 같이 만들어봐야지~

요리해요

1 아몬드는 물에 살짝 삶아 물기를
빼고 마른 팬에 달달 볶아요.

2 냄비에 물, 황설탕, 꿀을 넣고 팔팔
끓여요.

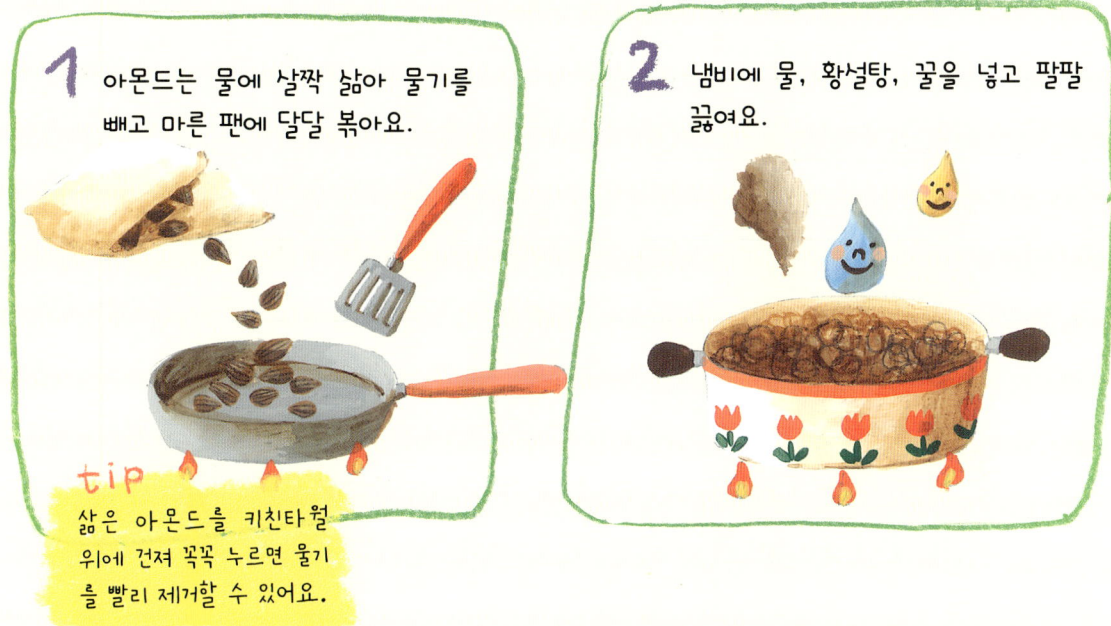

tip
삶은 아몬드를 키친타월
위에 건져 꼭꼭 누르면 물기
를 빨리 제거할 수 있어요.

3 갈색 빛이 돌기 시작하면 볶은 아몬드와 버터를 넣고 캐러멜 색깔이 날 때까지
저어가며 볶아요.

4 유산지나 종이포일 위에 아몬드를 올려놓고 식히면 끝!
손에 묻어나지 않는 상태까지 말리면 됩니다.

서로 들러붙으면
안돼~

tip
아몬드끼리 서로 붙지
않도록 간격을 두고
늘어놓도록 하세요.

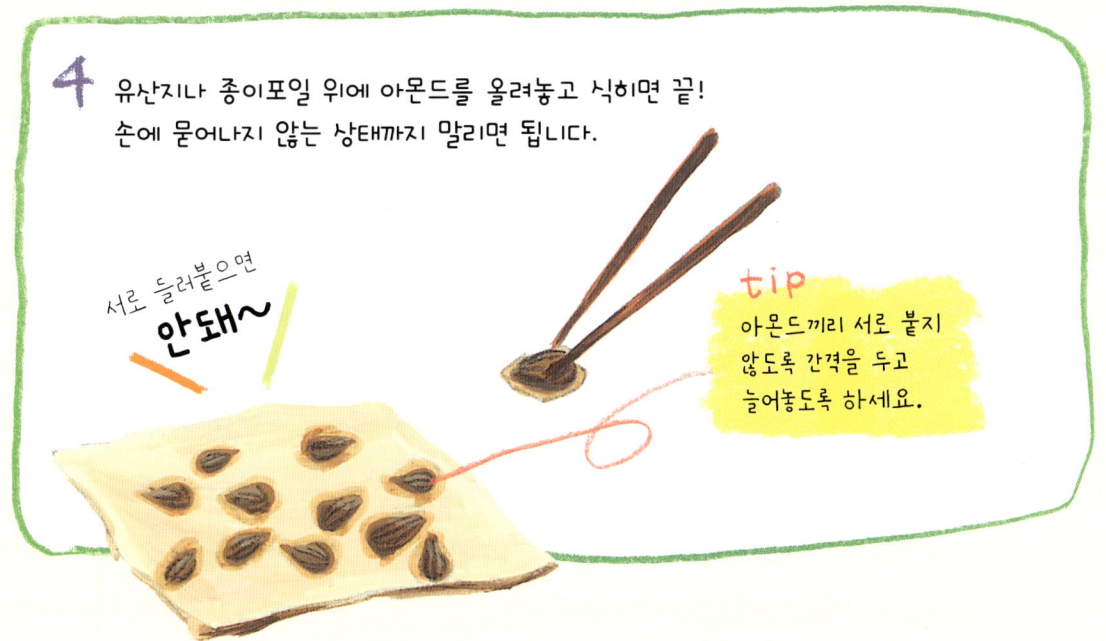

햄떡꼬치

떡볶이 떡을 꼬치에 줄줄이 꽂아 살짝 구운 다음 고추장소스를 발라 먹는
떡꼬치의 꼬마 버전이에요. 매운 고추장 대신 토마토케첩을 바르고 햄도 곁들이면
맛있는 간식이 완성되지요!

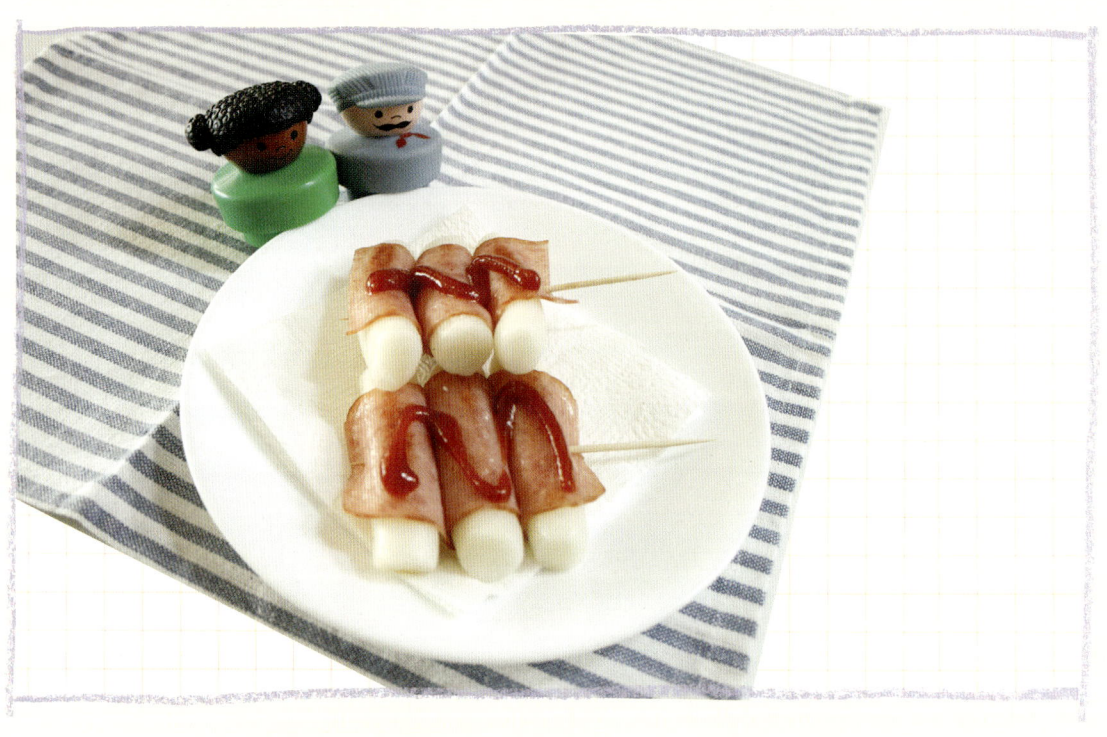

준비물 (1꼬치 만들 때 분량)

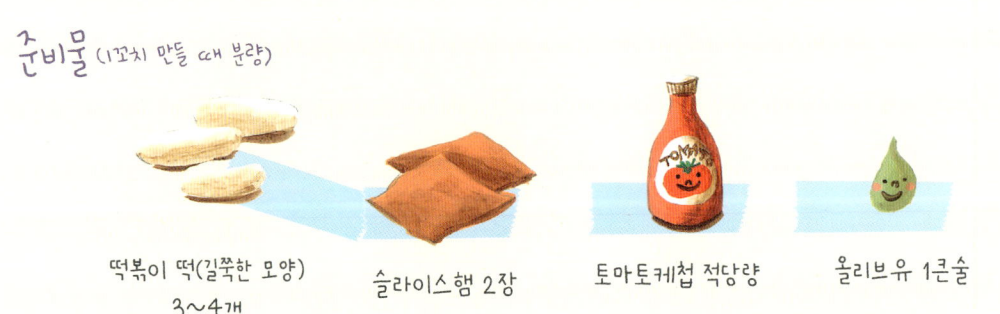

떡볶이 떡(길쭉한 모양)   슬라이스햄 2장   토마토케첩 적당량   올리브유 1큰술
3~4개

1 말랑말랑한 떡은 바로 사용하고 딱딱해진 떡은 물에 담궈 부드럽게 만들어요.

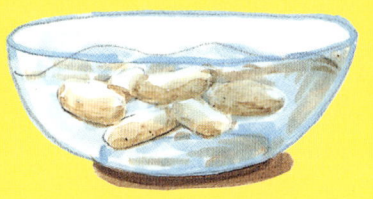

2 슬라이스햄을 반으로 자른 뒤 떡을 1개씩 올려 돌돌 말아 감싸고 꼬치에 차례로 꽂아요.

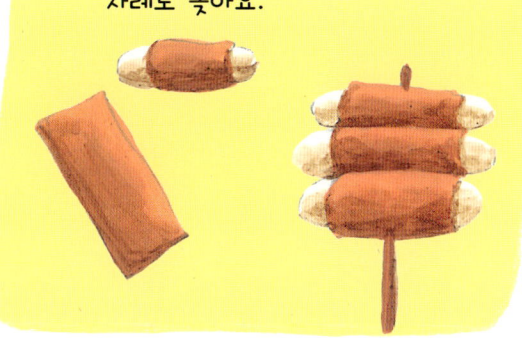

tip
냉동실에서 꽁꽁 얼었던 떡은 끓는 물에 잠깐 데쳐 사용하는 것이 좋아요!

4 완성되면 접시에 담고 케첩을 뿌려 먹어요.

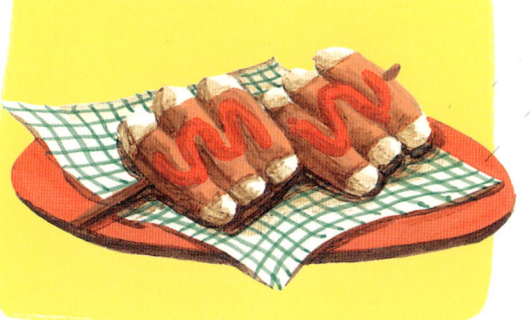

3 프라이팬을 살짝 달군 다음 올리브유를 두르고 떡꼬치를 올려 천천히 노릇노릇~하게 구워요.

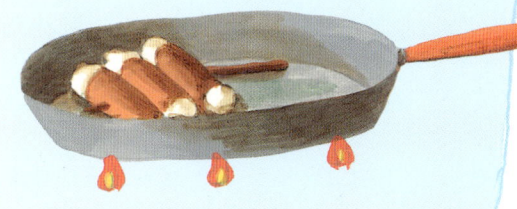

tip
머스터드소스를 뿌려도 되고 파슬리가루가 있다면 조금 뿌려 먹어도 맛있어요.

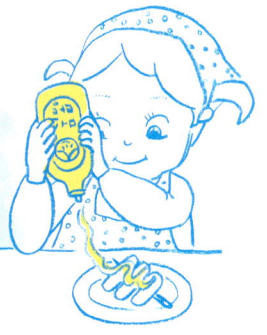

고구마치즈핫도그

식빵만 있으면 핫도그를 만들 수 있어요.
소시지에 나무젓가락을 꽂아 손잡이를 만들고 식빵으로 돌돌 감싸 프라이팬에
굴려가며 익히면 돼요. 식빵과 소시지 사이에 넣는 **으깬 고구마**가 우리 집
핫도그의 포인트랍니다!

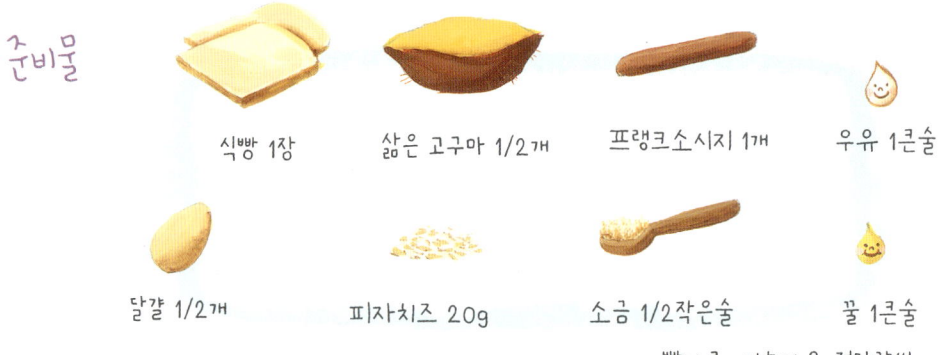

준비물

식빵 1장   삶은 고구마 1/2개   프랭크소시지 1개   우유 1큰술

달걀 1/2개   피자치즈 20g   소금 1/2작은술   꿀 1큰술

빵가루·카놀라유 적당량씩

요리해요

1 볼에 삶은 고구마를 넣고 숟가락이나 포크로 눌러 으깨요. 여기에 우유와 꿀,
소금을 넣고 골고루 섞어가며 좀 더 으깨요.

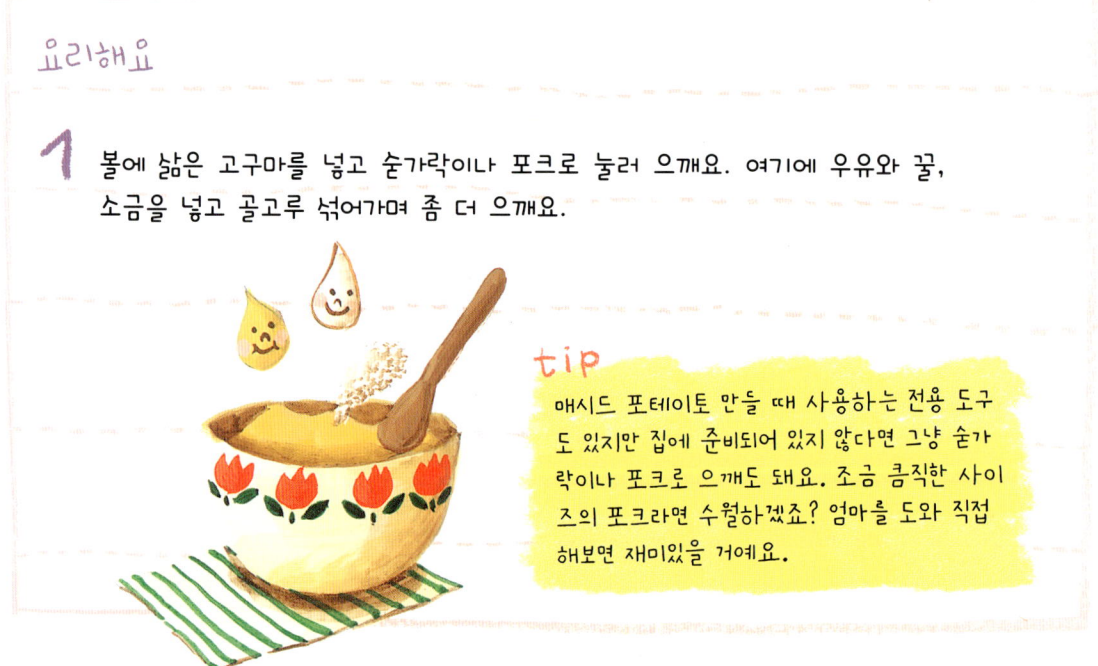

tip

매시드 포테이토 만들 때 사용하는 전용 도구
도 있지만 집에 준비되어 있지 않다면 그냥 숟가
락이나 포크로 으깨도 돼요. 조금 큼직한 사이
즈의 포크라면 수월하겠죠? 엄마를 도와 직접
해보면 재미있을 거예요.

2 식빵은 가장자리를 잘라내고 으깬 고구마를 바른 다음 피자치즈를 솔솔 뿌려요. 잘라낸 식빵 가장자리는 믹서에 넣고 갈아서 빵가루로 만들어요.

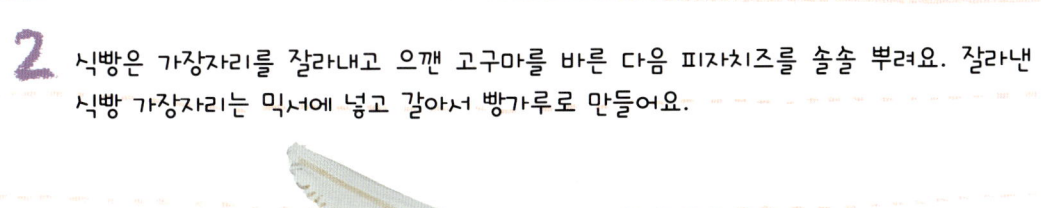

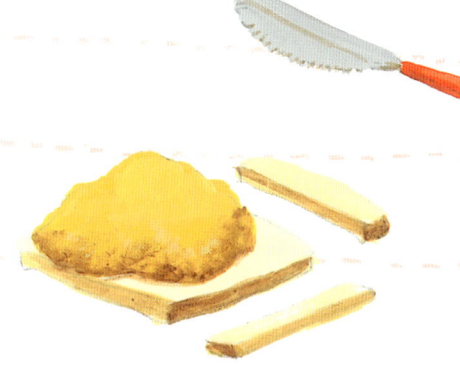

tip
숟가락이나 버터 바르는
나이프를 이용하세요!

3 소시지에 나무젓가락을 꽂은 다음 **2** 위에 올려놓고 식빵으로 돌돌 말아주세요.

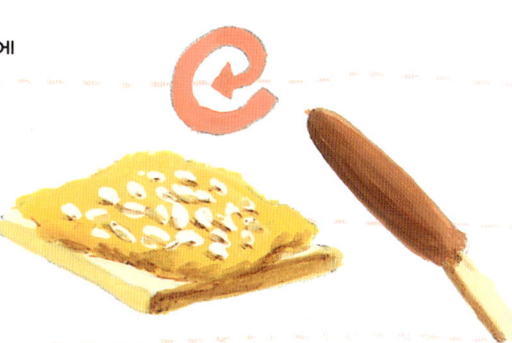

4 달걀물과 빵가루를 순서대로 묻히고 기름을 두른 팬에 올려 약한 불에서 살짝 튀기듯이 익혀주세요.

제목 # 커스터드푸딩

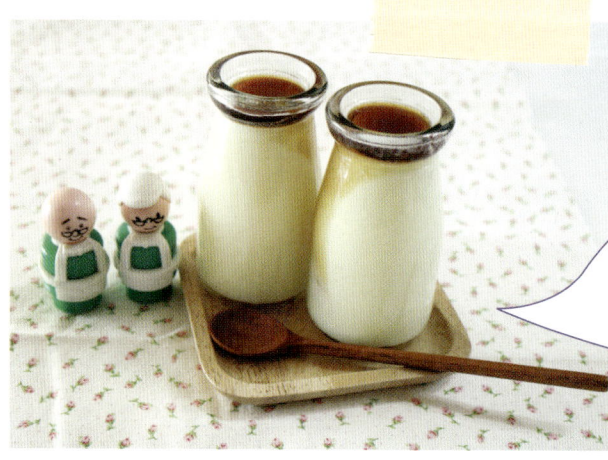

푸딩의 감촉은
뭐랄까? 음... 촉촉하고
부드러운 젤리 같아요.

이름만 들어도 달콤함에 빠져 황홀해지는 디저트이지요? 달걀과 우유만 있으면 집에서 간단하게 만들 수 있어요. 식구들도 모두 푸딩을 즐겨 먹는다면 향긋하게 코끝을 자극하는 바닐라오일 한 병쯤은 가지고 있는 게 어떨까요?

준비물

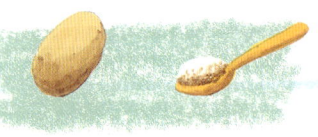

달걀 1개   설탕 2큰술

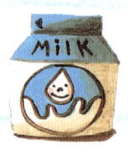

우유 200ml

바닐라오일 1작은술

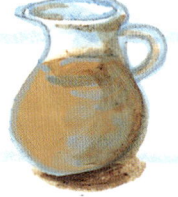

캐러멜시럽 1큰술

요리해요

1 작은 냄비에 우유를 넣고 중간 불에 올려 데워요. 우유의 가장자리가 끓기 시작할 때 불에서 내리면 돼요.

tip
푸딩을 만들 때는 따뜻하게 데운 우유를 사용해요!

2 볼에 달걀을 깨뜨려 넣고 설탕을 넣어 섞은 다음 데운 우유를 조금씩 부어가며 섞어주세요. 마지막에 바닐라오일을 떨어뜨려 섞고요.

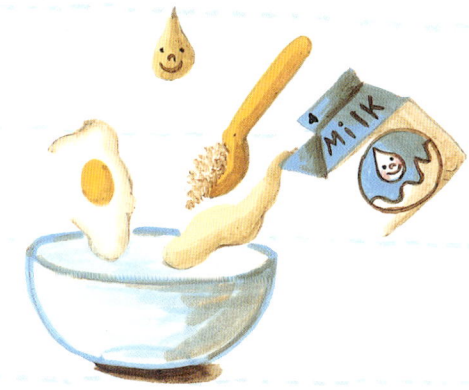

3 2를 체에 내려 푸딩 병(유리병)에 붓고 랩을 씌워요.

tip
부엌에서 푸딩을 담아 먹을 만한 작은 유리병을 찾아 보세요.

유리병을 사용해요!

4 냄비에 푸딩 병의 1/3이 잠길 정도의 물을 붓고 끓여요. 물이 끓으면 3의 푸딩 병을 넣고 뚜껑을 덮은 뒤 중간 불에서 2분 동안 끓여요.

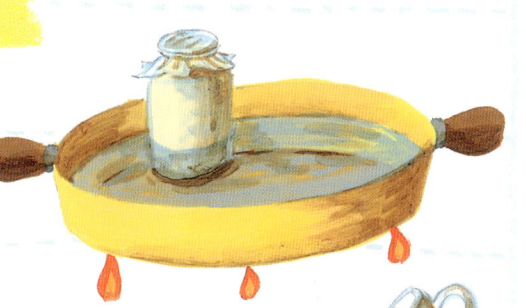

5 2분이 지나면 불을 끄고 그대로 15분간 두세요. 그런 다음 푸딩 병을 꺼내 냉장고에 넣고 차갑게 식혀요. 먹을 때 캐러멜시럽을 뿌리면 맛있는 푸딩이 완성됩니다!

달콤 복숭아구이

통조림복숭아를 활용한 간편 요리예요.
복숭아를 오븐에 구우면 어떻게 될까요? 엄마랑 함께 만들어보세요.
단, 통조림은 가공식품이니 자주 먹지 않도록 해요.

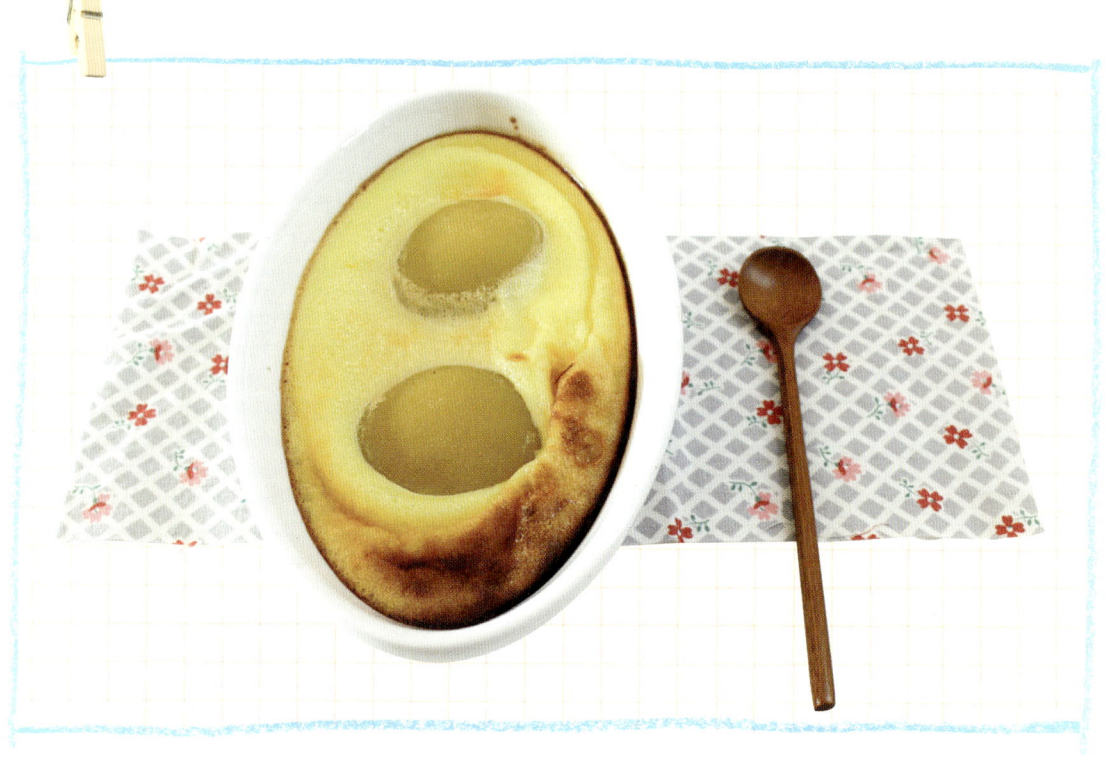

준비물

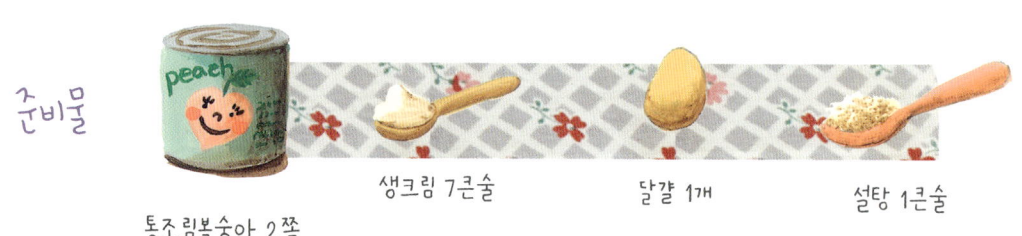

통조림복숭아 2쪽　　　샌크림 7큰술　　　달걀 1개　　　설탕 1큰술

요리해요

1 복숭아를 캔에서 꺼내 종이타월 위에 올려놓고 물기를 빼세요.

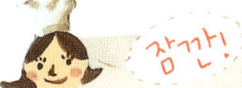

잠깐!

통조림 캔은 절대로 혼자 열지 않도록 해요. 캔 끝이 매우 날카로워 금세 손을 다친답니다. 엄마의 도움을 받도록 하세요.

2 볼에 생크림과 달걀, 설탕을 넣고 골고루 섞어요.

3 오븐에 넣어도 되는 그라탱 용기에 복숭아의 둥근 면이 위로 가도록 해 올리고 2를 부은 다음 180℃로 예열한 오븐에서 10분간 구워요. 그릇을 꺼내 쿠킹포일로 덮고 5분간 다시 구워주세요.

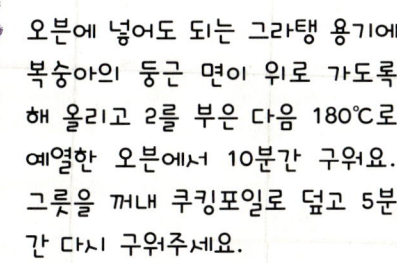

tip
뜨거울 때 바로 먹어도 되고 냉장고에서 차갑게 식혀 먹어도 맛있어요!

내가 좋아하는 음료들을 다 모았어요.
엄마가 만들어주시던 홈메이드 주스랑 셰이크를 이젠 나 혼자서 만들 수 있어요.
냉장고에 있는 과일을 이용하면 돼요.
과일 중에서 바나나는 냉장고에 넣으면 안되고 상온에서
보관해야 한다는 걸 이번에 알게 되었네요.
과일이랑 우유, 달콤한 꿀, 요거트……
요것들은 환상의 짝꿍이에요.
믹서에 넣고 한꺼번에 윙~ 돌리면 맛좋은 음료가 완성됩니다!
아! 믹서 사용법을 꼭 배워서 안전하게 사용하세요.

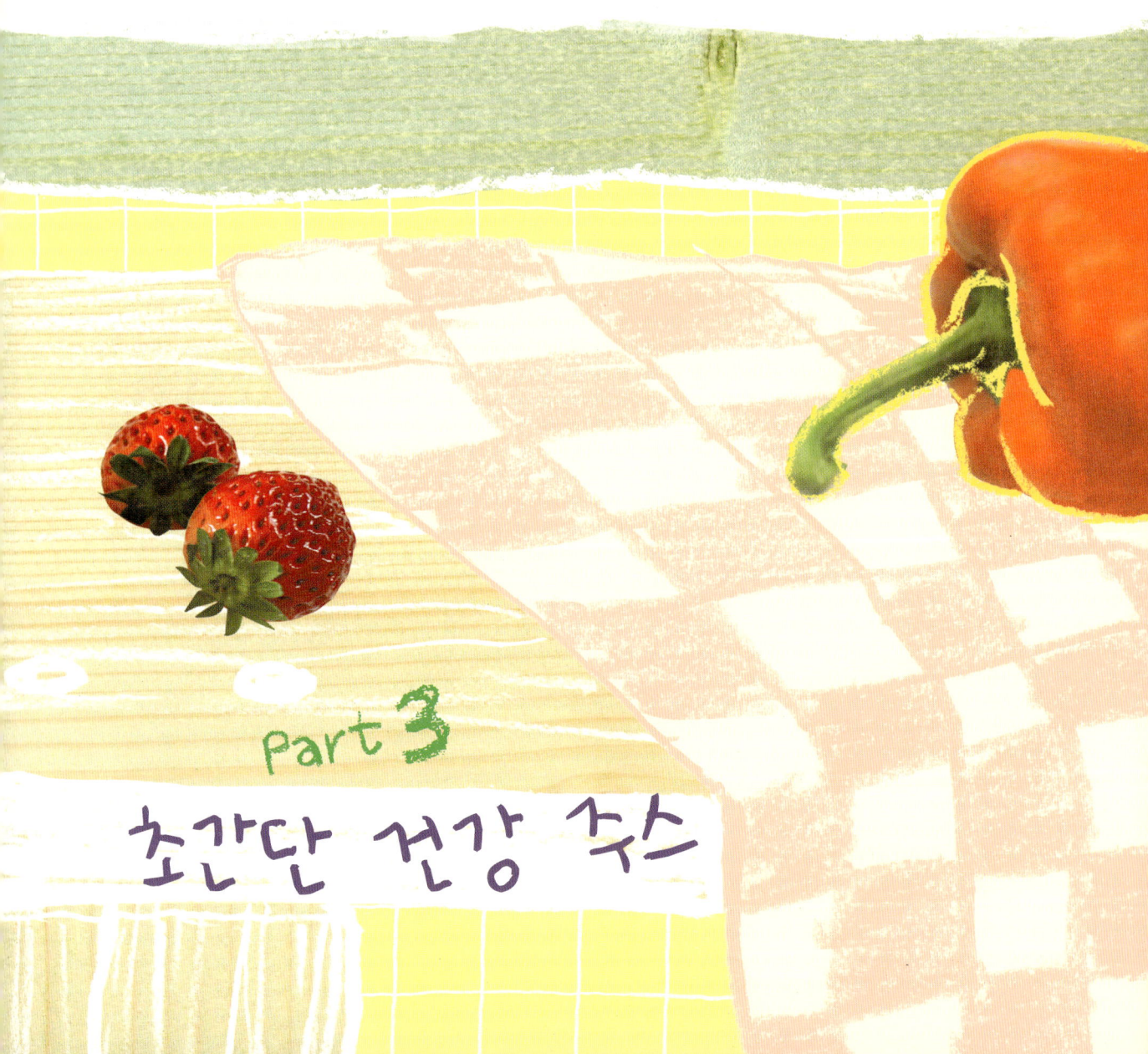

Part 3
초간단 건강 주스

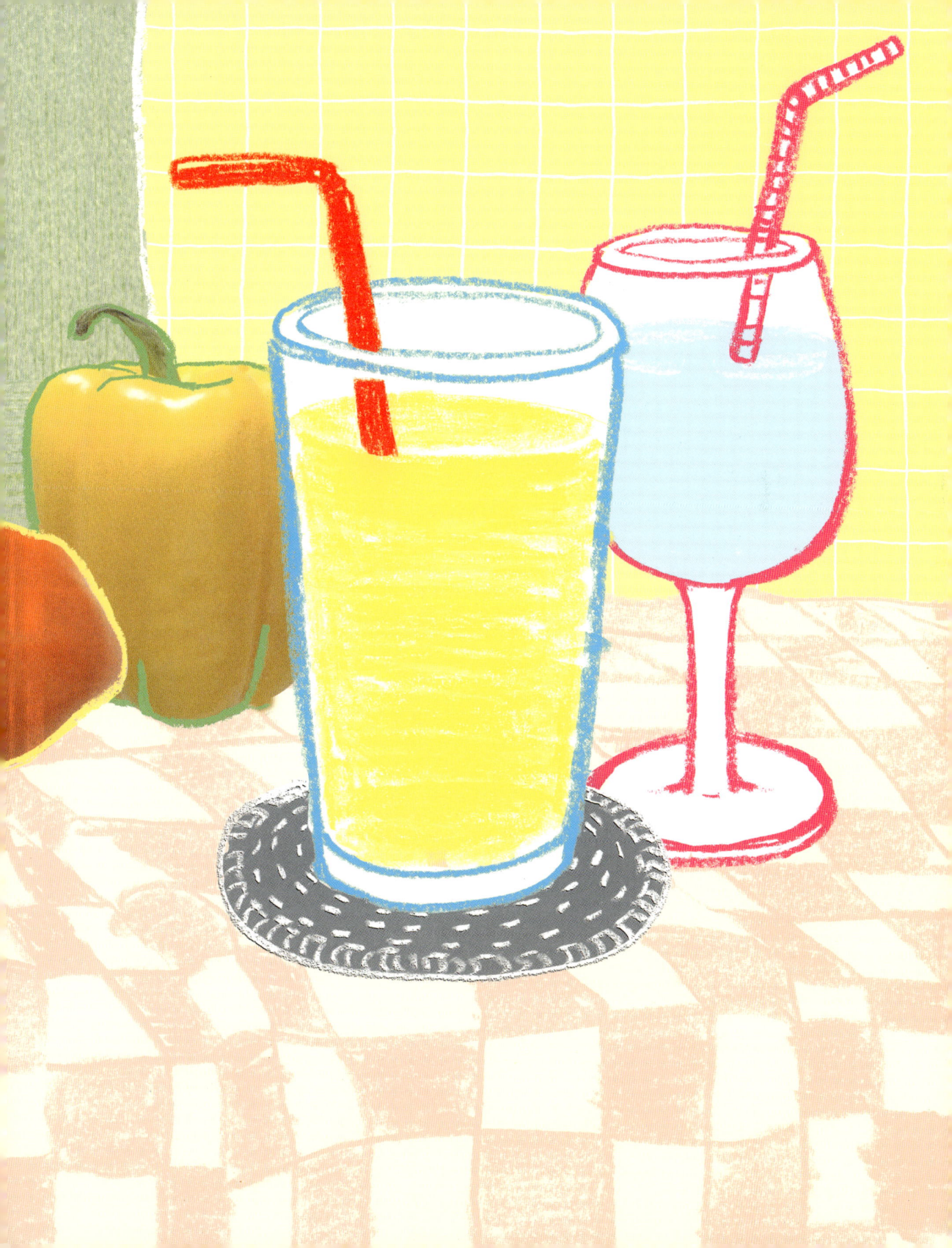

8 월 2기일 수요일 | 날씨 : 너무 더위!

제목 : 녹차스무디

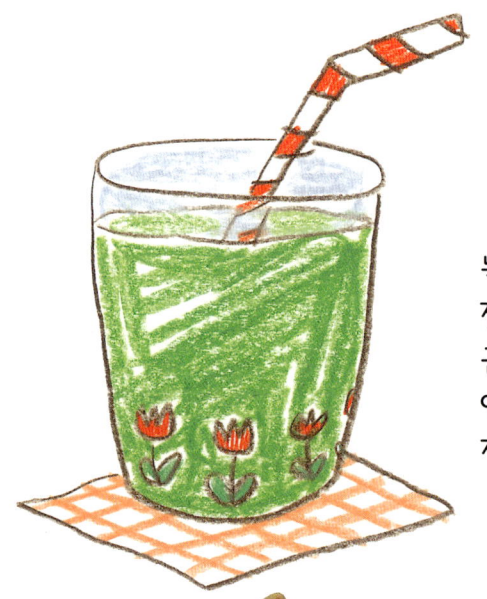

녹차스무디? 제법 어른스러운 음료지요?
집에 손님이 오셨을 때 만들어 내보세요.
근사한 솜씨라고 칭찬 받을 거예요.
엄마도 즐겨 드시는 음료이니
점수 좀 따고 싶을 때 한 잔~ 어때요?

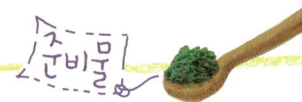  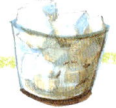

녹차가루 1큰술　플레인요거트 1개　얼음 1/2컵　꿀 1큰술

요리해요

1 믹서에 녹차가루, 플레인요거트, 꿀, 얼음을 넣고 뚜껑을
덮은 다음 버튼을 눌러 윙~ 갈아주세요. 얼음 조각이 씹
히지 않도록 곱게 갈릴 정도까지 돌리는 게 좋아요.

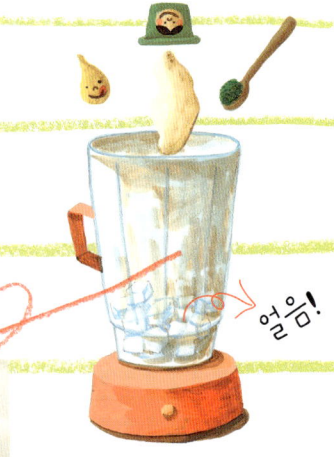

얼음!

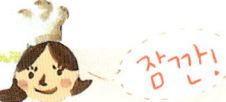

잠깐!

얼음을 함께 갈아야 하니 뚜껑이 잘 닫혔는지 한 번 더 확인해요.
믹서는 평평한 곳에 놓고 사용해요. 믹서의 칼날을 만지지 않도록
조심하는 것도 잊지 말고요.

제목 : 블루베리스무디

블루베리는 생 블루베리와 냉동 블루베리가 있어요.
엄마랑 마트에 가는 날 블루베리를 사다두고 스무디로 만들어 먹어보아요.
냉동 블루베리는 보관이 간편한 장점이 있지요.

준비물

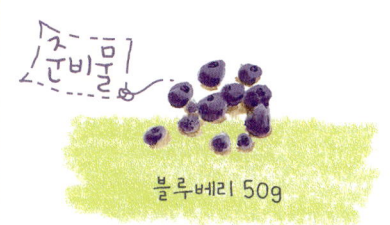

블루베리 50g

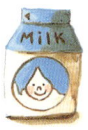

우유 1컵

플레인요거트 1개

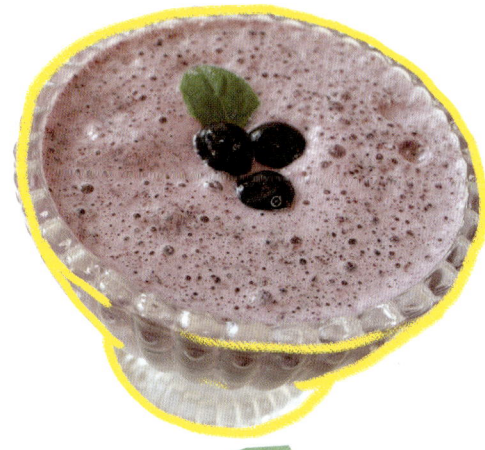

요리해요

1 믹서에 블루베리와 우유, 플레인요거트를 넣고 뚜껑을
   덮은 다음 버튼을 눌러 윙~ 갈아주면 완성!

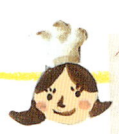

잠깐!

믹서 안쪽의 칼날을 손으로 만지지 않도록 해요. 날카로운 날에 금세 손을 벨 수 있어요.
믹서 사용법을 잘 익힌 다음 작동시키도록 하세요.

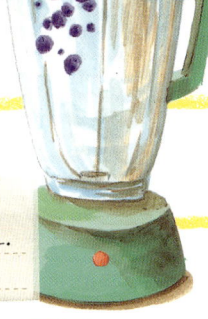

바나나스무디

우유랑 플레인요거트만 있으면 스무디를 만들 수 있네요?
우와~ 만드는 방법도 정말 간단해요!
매일 먹어도 질리지 않을 것 같은 건강음료랍니다.
이제 이 정도쯤은 혼자서도 뚝딱 만들어 먹을 수 있어요.

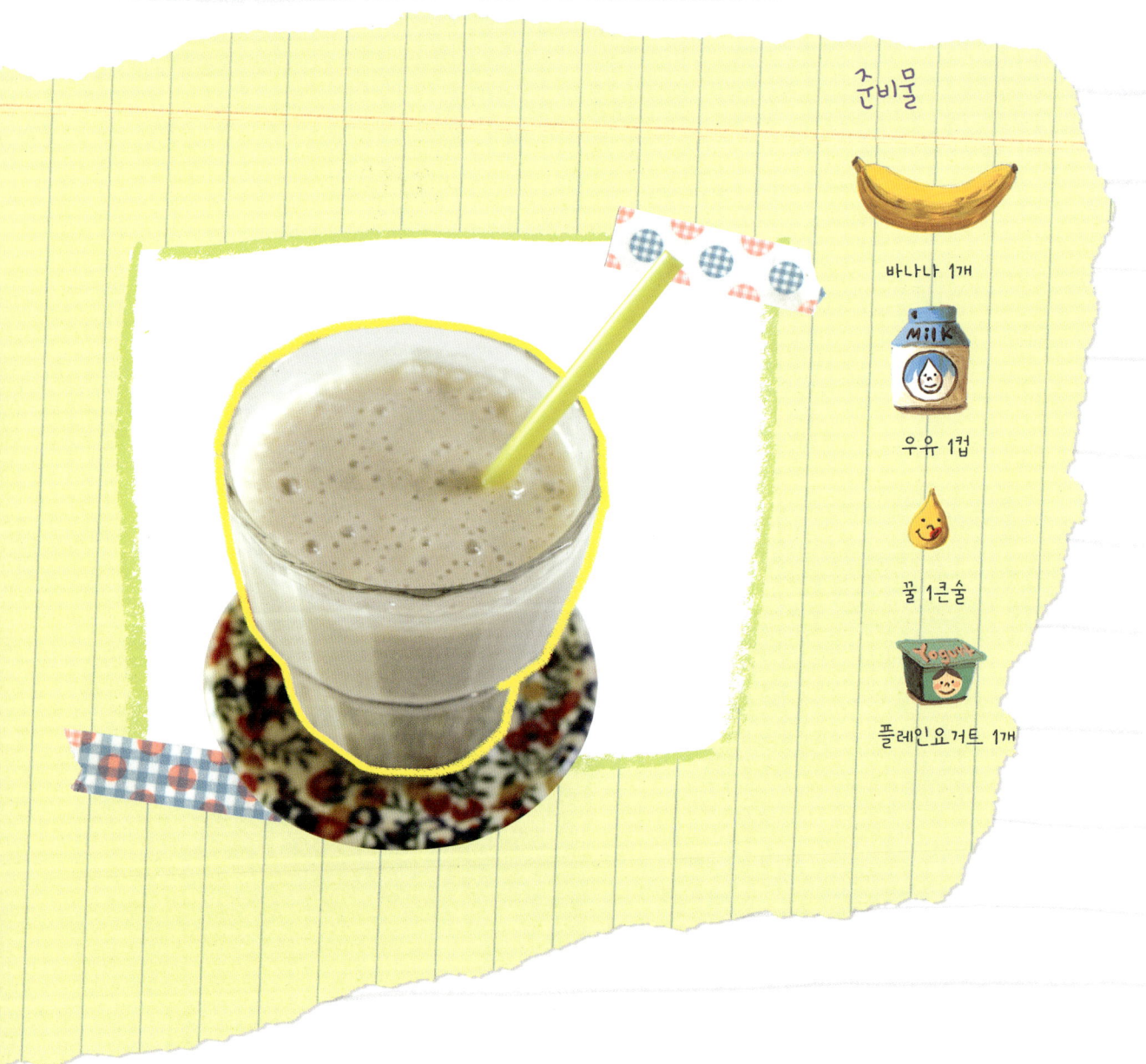

준비물

바나나 1개

우유 1컵

꿀 1큰술

플레인요거트 1개

요리해요

1 바나나는 껍질을 벗기고 3~4조각으로 큼직하게 잘라요.

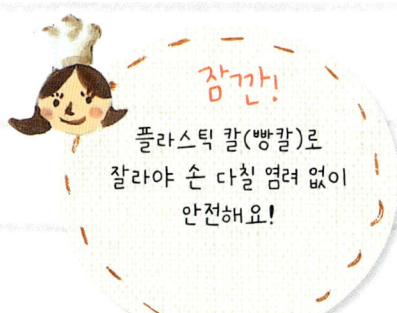

잠깐!

플라스틱 칼(빵칼)로
잘라야 손 다칠 염려 없이
안전해요!

2 믹서에 바나나와 우유, 플레인요거트, 꿀을 넣고 뚜껑을
덮은 뒤 버튼을 눌러 윙~ 갈아주면 끝!

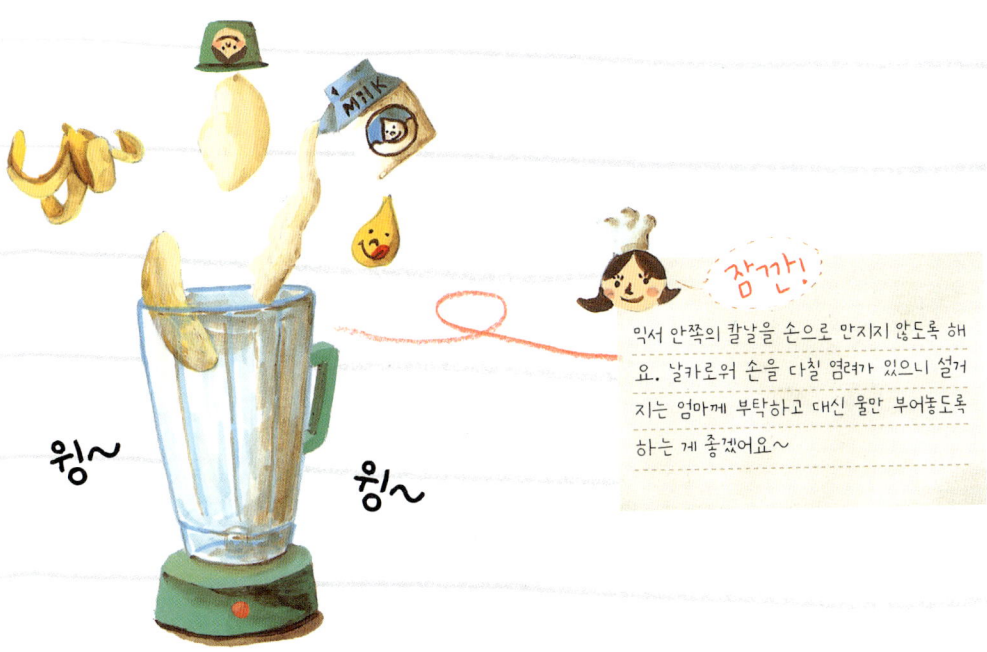

윙~

윙~

잠깐!

믹서 안쪽의 칼날을 손으로 만지지 않도록 해
요. 날카로워 손을 다칠 염려가 있으니 설거
지는 엄마께 부탁하고 대신 물만 부어놓도록
하는 게 좋겠어요~

미숫가루우유빙수

미숫가루와 빙수 모두 여름철 단골 메뉴지요.
이 두 가지를 한꺼번에 맛볼 수 있다니! 환상적인 음료가 탄생할 것 같아요.
인절미나 찹쌀떡까지 곁들여 먹으면 든든한 간식이 된답니다.
팥 없이도 고소하고 달콤해서 인기 만점이에요.

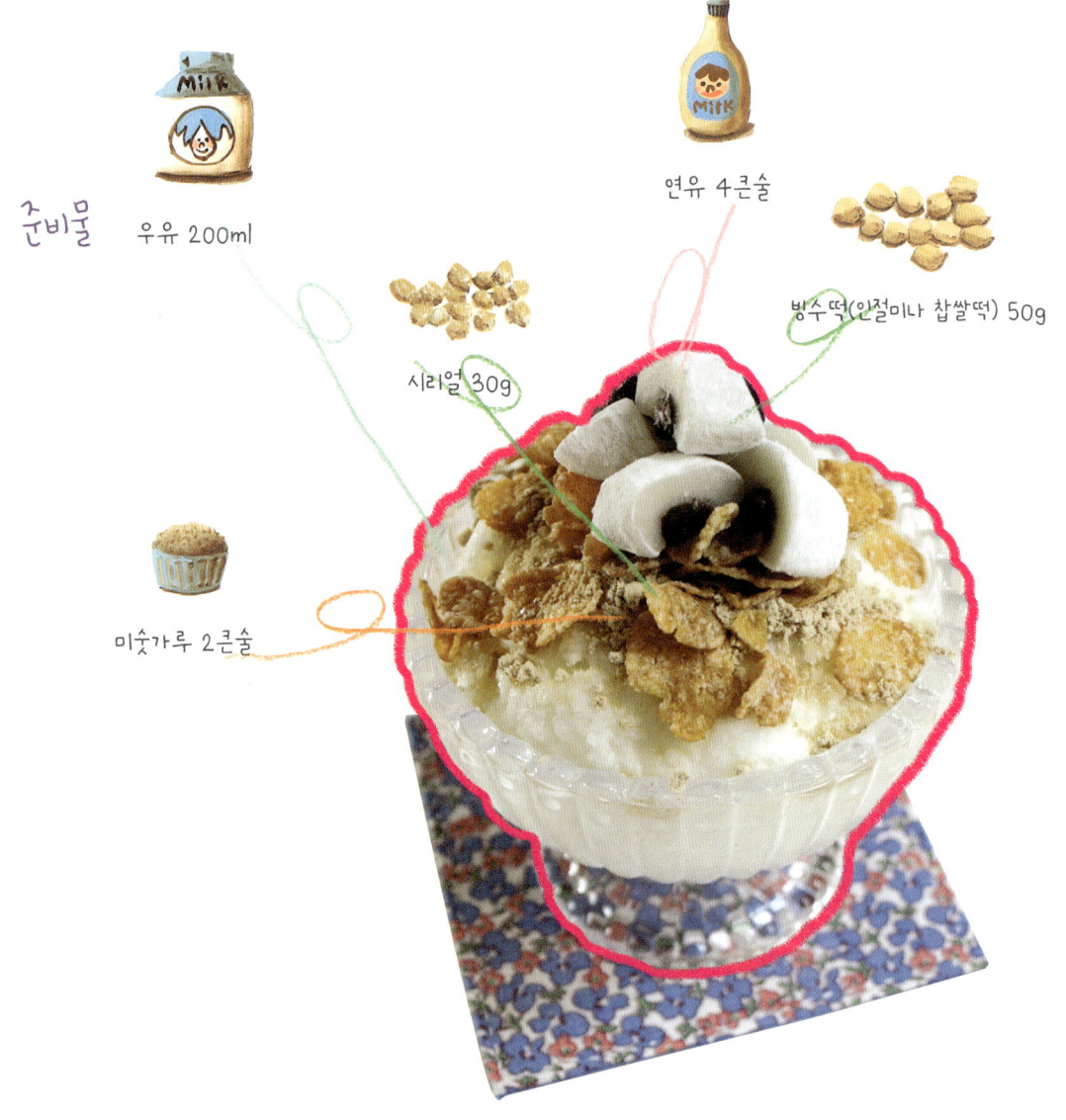

준비물

우유 200ml

연유 4큰술

빙수떡(인절미나 찹쌀떡) 50g

시리얼 30g

미숫가루 2큰술

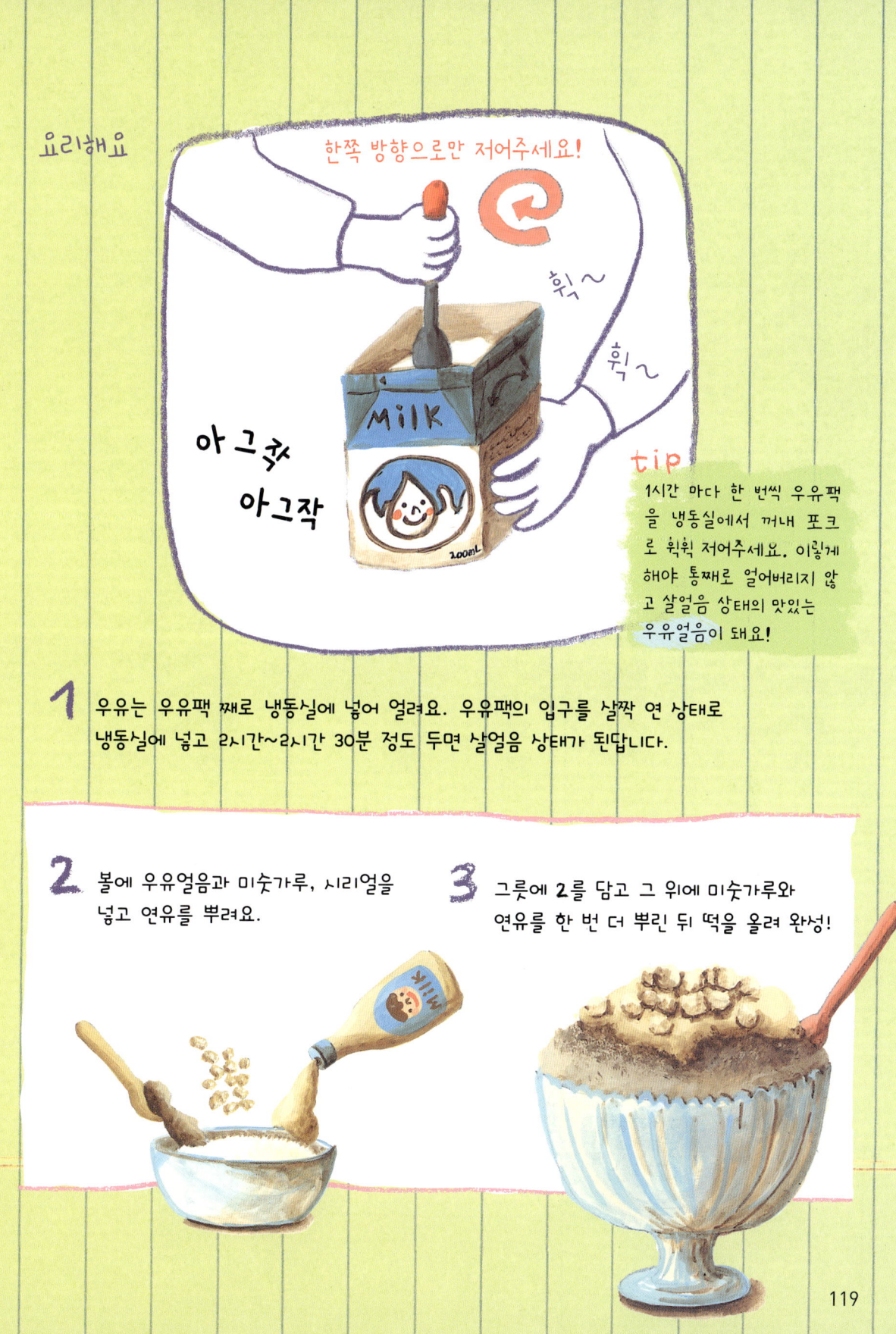

요리해요

한쪽 방향으로만 저어주세요!

휙~

휙~

아그작
아그작

milk

200mL

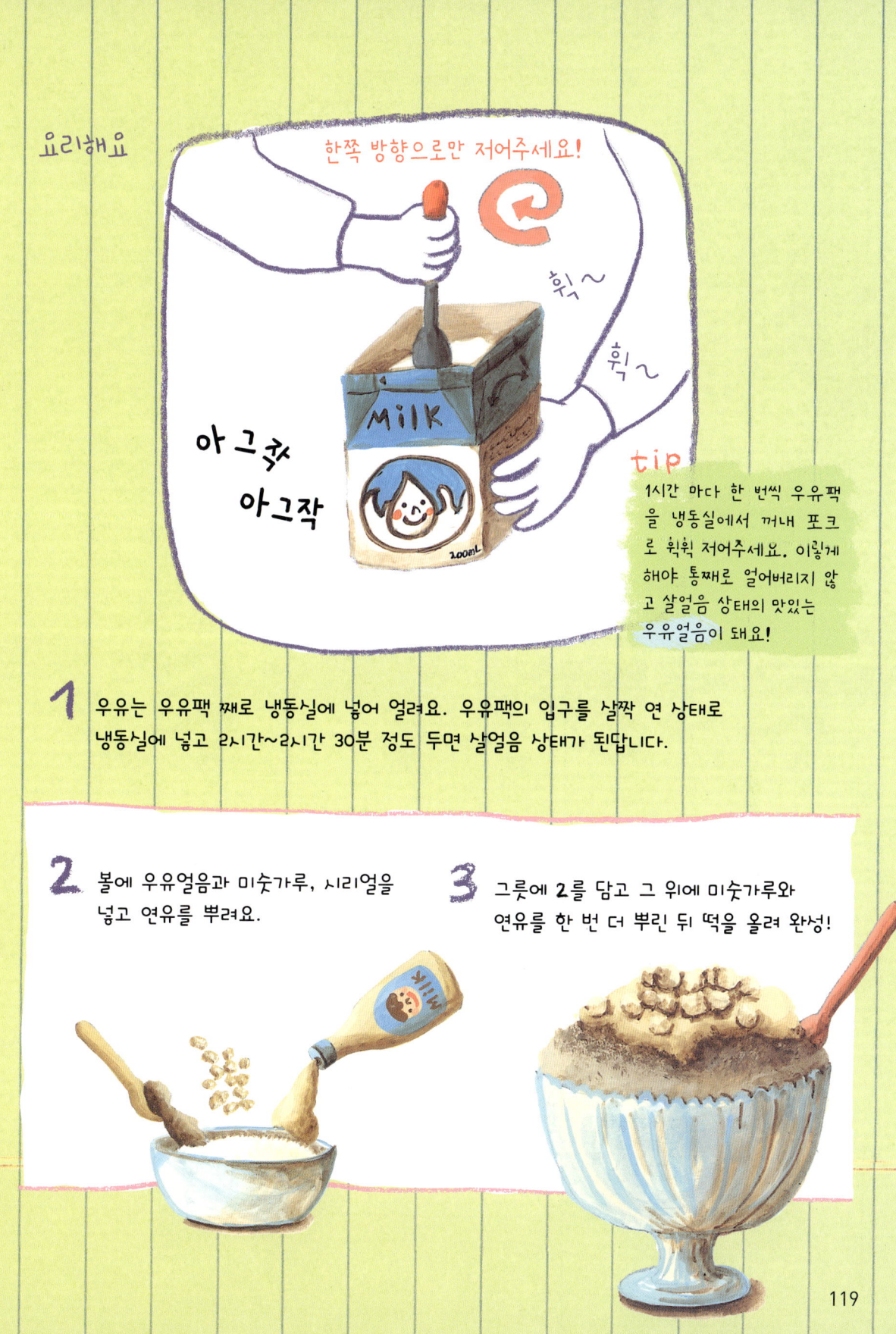

tip

1시간 마다 한 번씩 우유팩을 냉동실에서 꺼내 포크로 휙휙 저어주세요. 이렇게 해야 통째로 얼어버리지 않고 살얼음 상태의 맛있는 우유얼음이 돼요!

1 우유는 우유팩 째로 냉동실에 넣어 얼려요. 우유팩의 입구를 살짝 연 상태로 냉동실에 넣고 2시간~2시간 30분 정도 두면 살얼음 상태가 된답니다.

2 볼에 우유얼음과 미숫가루, 시리얼을 넣고 연유를 뿌려요.

3 그릇에 2를 담고 그 위에 미숫가루와 연유를 한 번 더 뿌린 뒤 떡을 올려 완성!

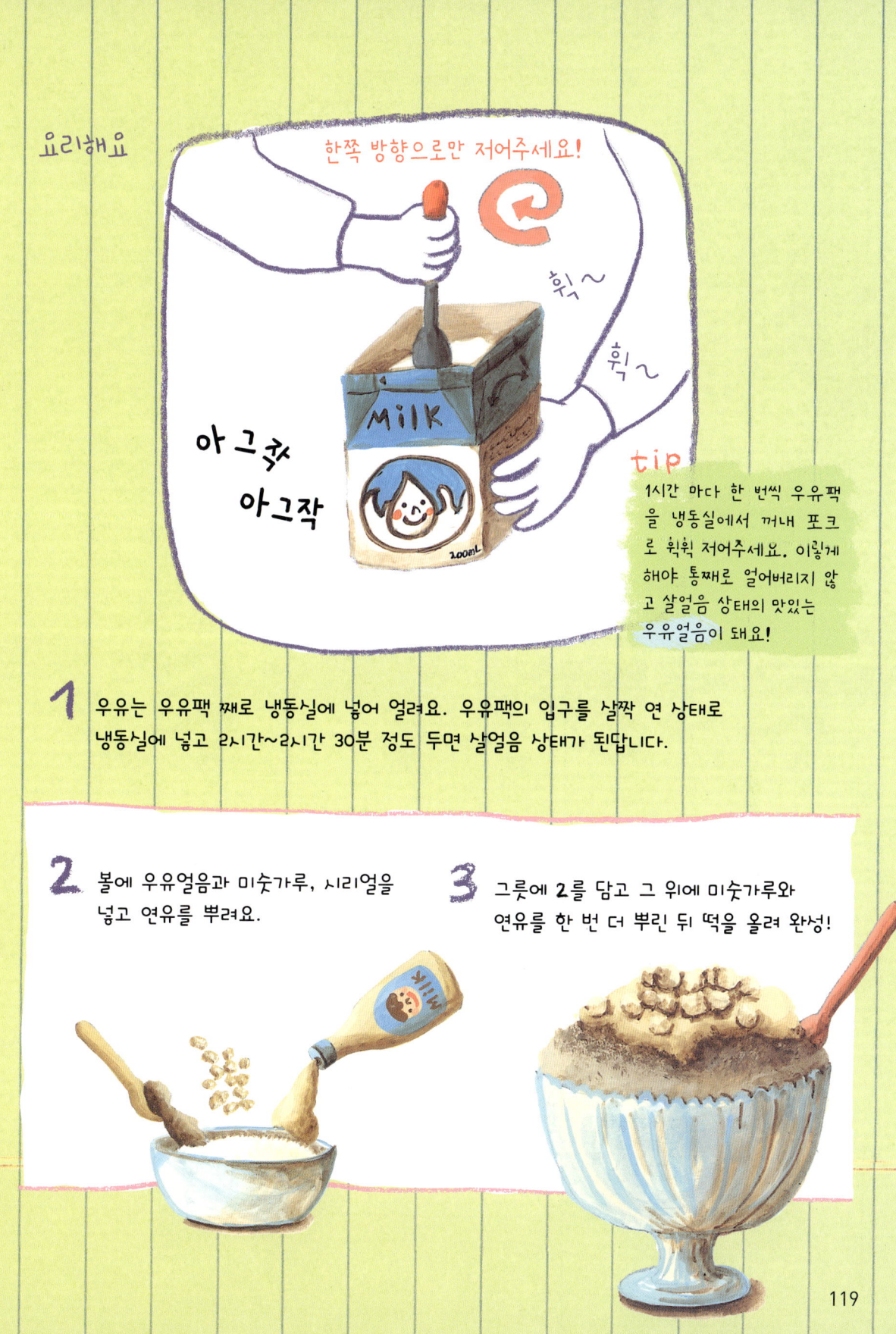

바나나미숫가루세이크

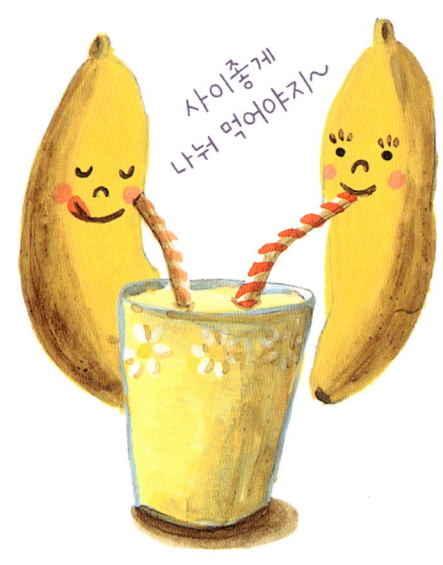

사이좋게
나눠 먹어야지~

든든한 영양 음료 레시피로 꼭 알아두세요.
바쁠 때는 한 끼 식사를 대신할 수 있을 정도로 포
만감이 있는 메뉴예요.
달콤하고 고소한 맛에 자꾸 먹고 싶을 거예요.

준비물

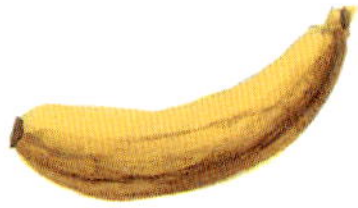

바나나 1개

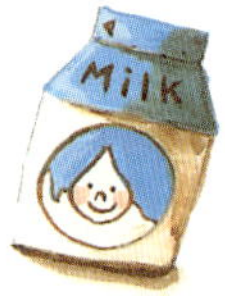

우유 1컵

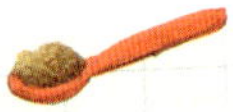

미숫가루 2큰술

꿀 1큰술

요리해요

1 바나나는 껍질을 벗기고 3~4조각으로 큼직하게 잘라요.

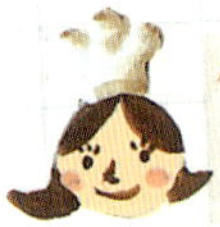

잠깐!
플라스틱 칼(빵칼)로 잘라야 손 다칠 염려 없이 안전해요!

2 믹서에 바나나와 우유, 미숫가루, 꿀
을 넣고 뚜껑을 덮은 뒤 윙~ 갈아주
세요. 미숫가루가 잘 섞여 보이지 않
을 때까지 돌리면 돼요.

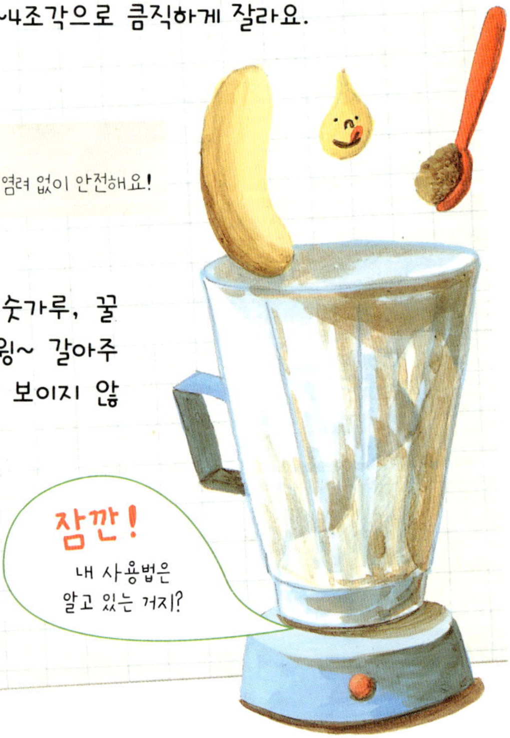

잠깐!
내 사용법은
알고 있는 거지?

고구마셰이크

삶은 고구마를 먹다가 싫증이 나면 셰이크로 만들어 먹어요.
우유를 넣고 갈면 부드러운 음료가 된답니다.
추운 겨울에는 따끈하게 데워 마셔도 좋아요.

난 생크림이라고 해.
시나몬파우더 대신
나를 올려도 괜찮아. ^^

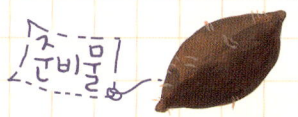 준비물

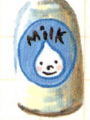

삶은 고구마 1/2개   우유 1컵

꿀 1큰술   시나몬파우더 1작은술

요리해요

1 고구마는 껍질을 벗기고 적당한
크기로 잘라요.

2 믹서에 고구마와 우유, 꿀을 넣고
뚜껑을 덮은 뒤 윙~ 돌려 덩어리
가 보이지 않을 때까지 곱게 갈아
주세요.

3 셰이크를 컵에 따르고 시나몬
파우더를 솔솔~ 뿌리면 완성!

tip
집에 시나몬파우더가 없거
나 입맛에 맞지 않는다면
생략해도 좋아요!

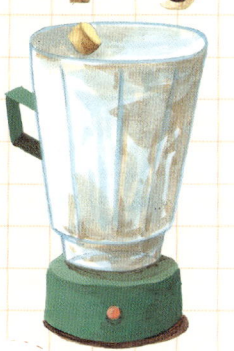

잠깐!
믹서 안쪽의 칼날을 만지지 않도록 주의하세요.

121

아몬드두유코코아

달콤~한 코코아는 내가 제일 좋아하는 음료예요. 하지만 너무 달아 이가 상하거나 살이 찔 수 있으니 매일 마시는 건 안돼요. 코코아를 좀 더 건강하게 먹을 수 있는 방법 없을까요? 오호~ 아몬드와 두유를 섞는다고요? 어디 한번 해볼까요?

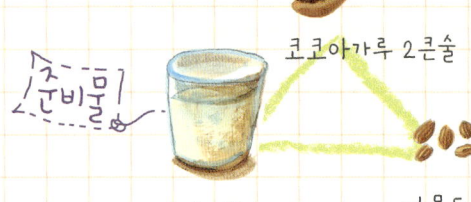

코코아가루 2큰술

준비물

두유 1컵

아몬드 50g

요리해요

1 믹서에 두유와 아몬드를 넣고 뚜껑을 덮은 뒤 윙~ 돌려 아몬드 조각이 보이지 않을 때까지 곱게 갈아주세요.

잠깐!
믹서는 사용하기 편리하지만, 안쪽의 칼날은 위험해요.

2 1에 코코아가루를 넣고 잘 섞은 다음 작은 냄비에 붓고 중불에 올려 따뜻하게 데워주세요.

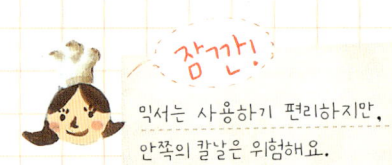

잠깐!
엄마가 안 계실 때 혼자서 가스레인지를 켜는 것은 금물이에요! 이럴 때는 전자레인지에 30초~1분 정도 돌려 데우도록 하세요.

코코아가루~

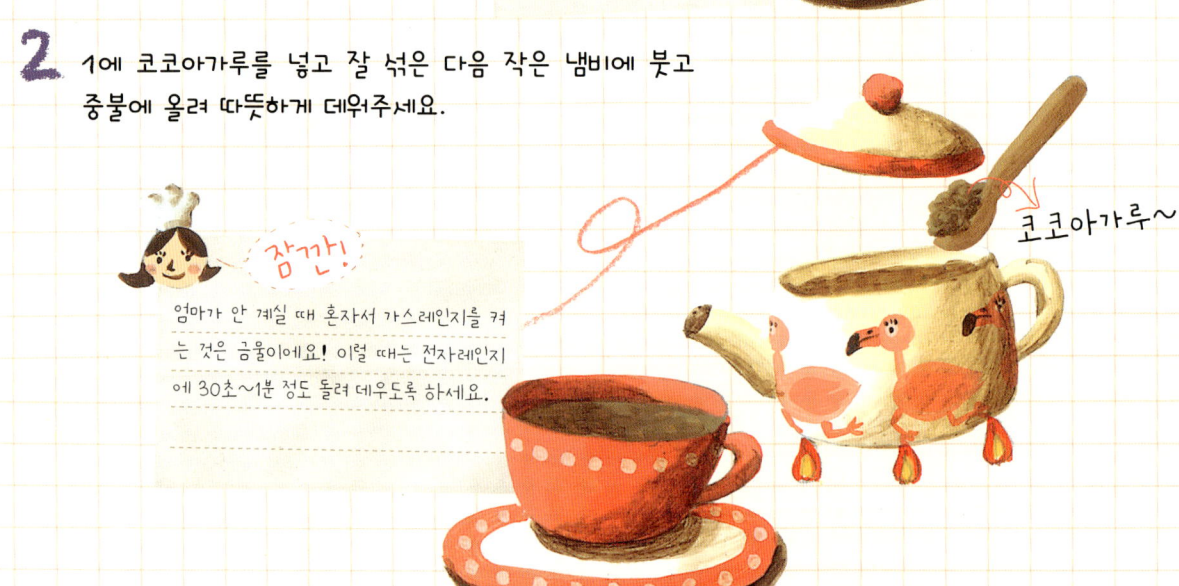

우리는 삼총사예요!
만나면 툭탁툭탁 다툴 때도 있지만
돌아서면 금세 잊어버려요.
아주 꼬마였을 때부터 친한 사이였답니다.

이 녀석들이 집에 놀러오면
엄마가 맛있는 과일주스를 만들어주시곤 했어요.
오늘은 엄마가 안 계시니 직접 주스를 만들려고요.

딸기와 우유를 믹서에 넣고 윙~
그런데 집에 있는 딸기를 다 넣고 갈았는데도 한 잔뿐이에요.
괜찮아요!
이렇게 컵에 스트로를 3개 꽂아 다 같이 먹으면 되니까요.

누가 더 많이 먹나 내기라도 하는 것처럼
열심히들 쪽! 쪽! 쪽!

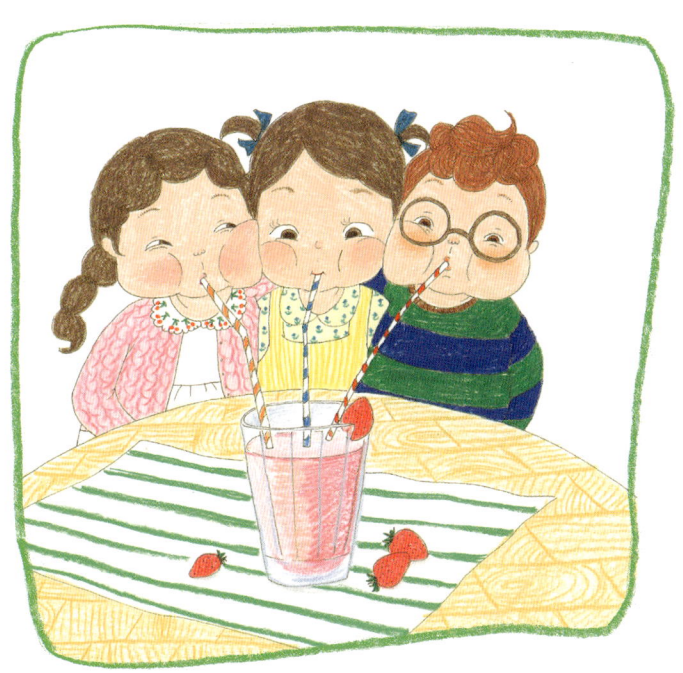

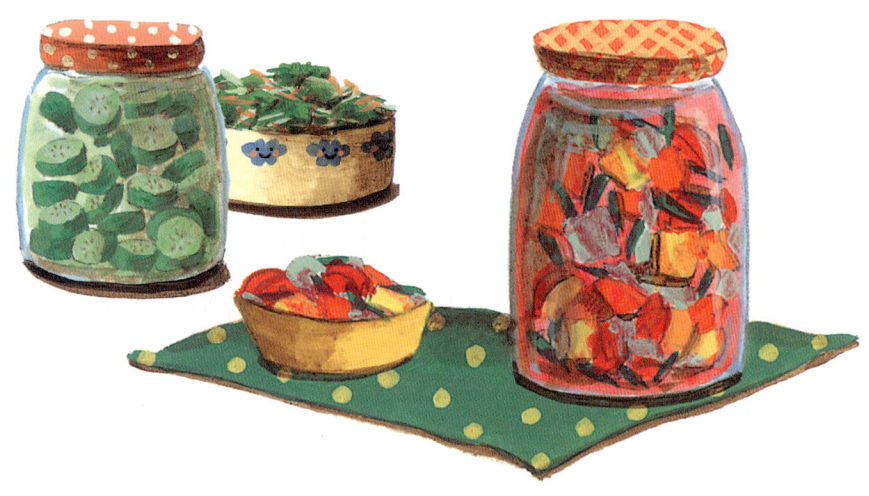

곁들이 메뉴! 김치와 피클

엄마와 함께 맵지 않은 김치나 피클을 담가보세요.
장아찌를 담그듯이 쉽고 간편한 방법으로 만드는 법을 소개합니다.
한 번 만들어두면 엄마가 집에 안 계시는 날에
혼자 꺼내 먹기 좋은 곁들이 반찬이랍니다!

코울슬로

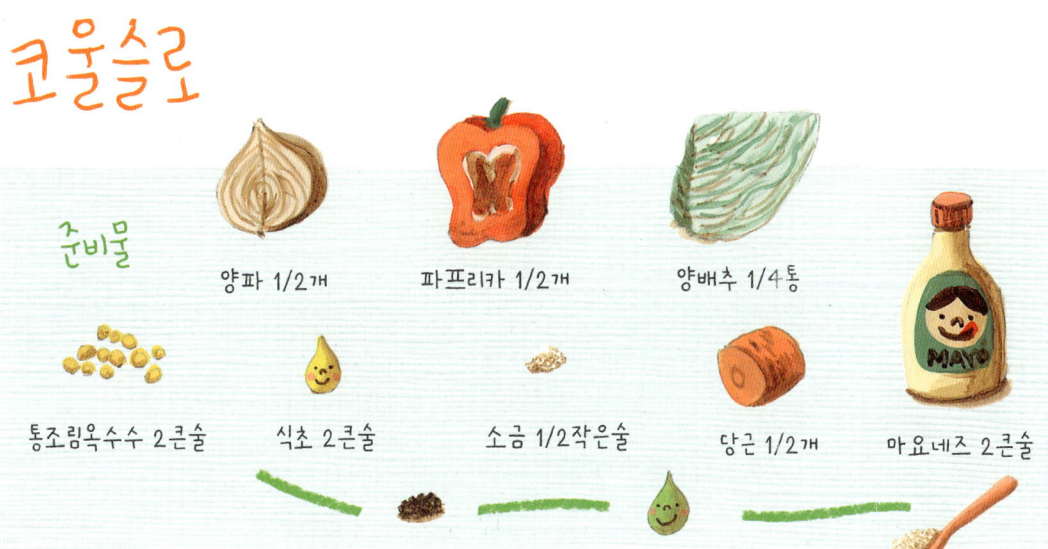

준비물

양파 1/2개   파프리카 1/2개   양배추 1/4통

통조림옥수수 2큰술   식초 2큰술   소금 1/2작은술   당근 1/2개   마요네즈 2큰술

후춧가루 1/2작은술   올리브유 1큰술

설탕 1큰술

요리해요

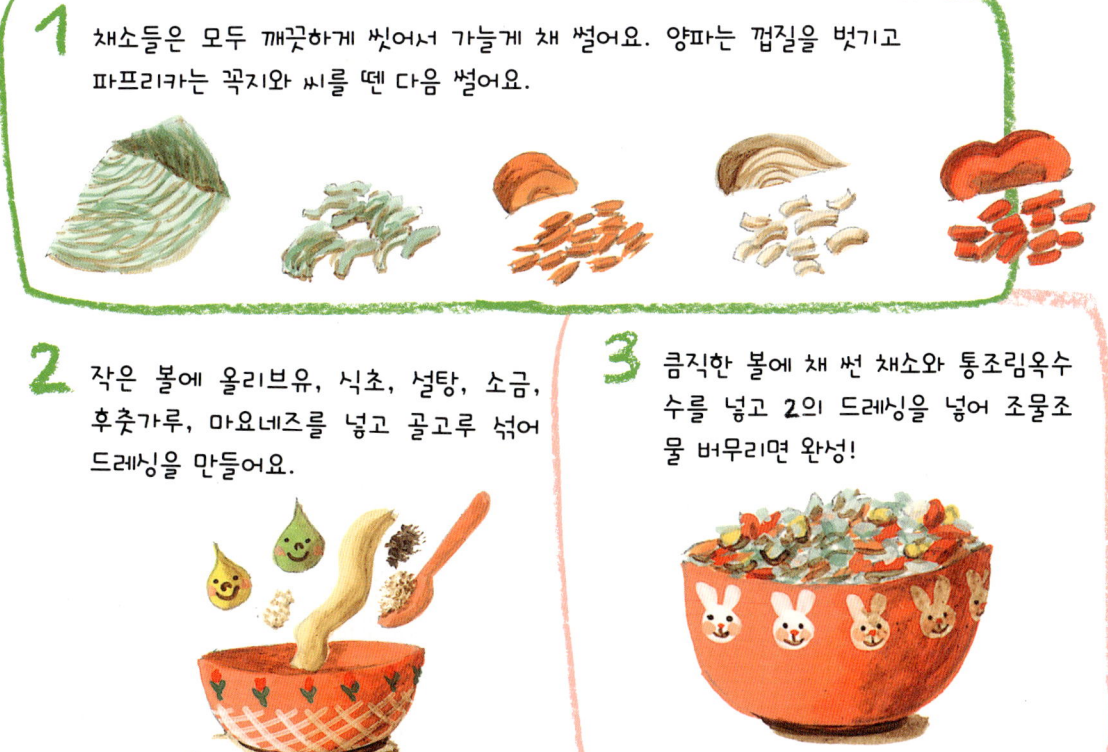

1 채소들은 모두 깨끗하게 씻어서 가늘게 채 썰어요. 양파는 껍질을 벗기고 파프리카는 꼭지와 씨를 뗀 다음 썰어요.

2 작은 볼에 올리브유, 식초, 설탕, 소금, 후춧가루, 마요네즈를 넣고 골고루 섞어 드레싱을 만들어요.

3 큼직한 볼에 채 썬 채소와 통조림옥수수를 넣고 2의 드레싱을 넣어 조물조물 버무리면 완성!

오이김치

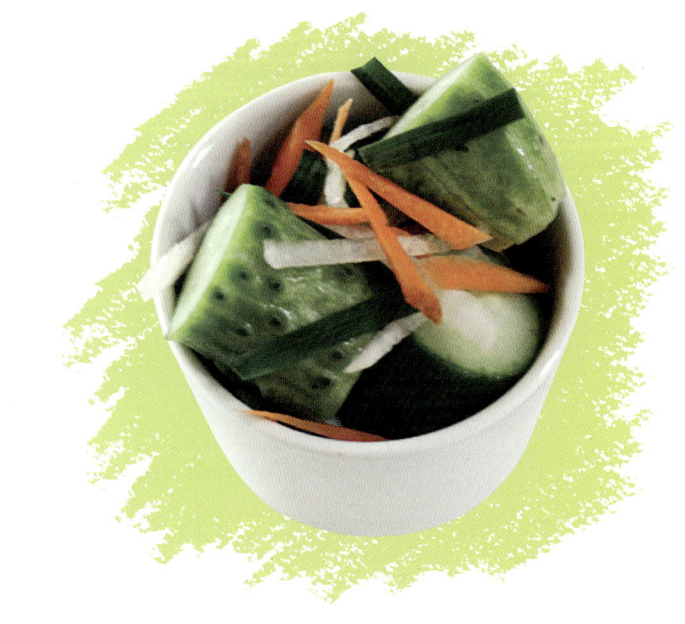

준비물

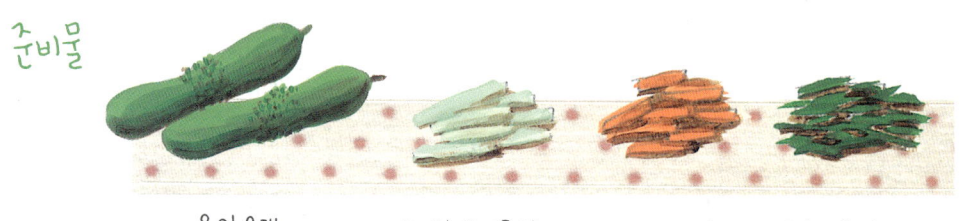

오이 2개　　　채 썬 무 1주먹　　채 썬 당근 1주먹　　부추 1주먹

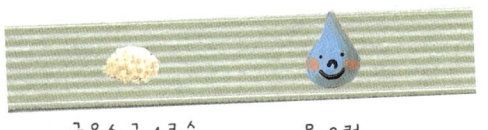

굵은소금 1큰술　　　　물 3컵

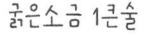

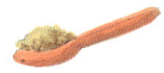

배 간 것 1큰술　　양파 간 것 1작은술　　다진 마늘 1작은술　　생강즙 1작은술

요리해요

1 오이를 뽀득뽀득 깨끗하게 씻어 4~5cm 길이로 두툼하게 썰어요.

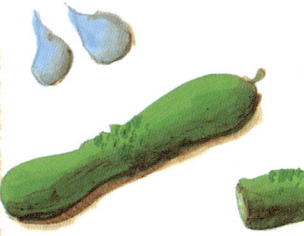

오이 겉면을 만져보아요. 까칠까칠~

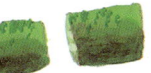

흠... 너! 까칠하구나!

2 무와 당근은 깨끗하게 씻어 껍질을 벗기고 가늘게 채 썰어요.

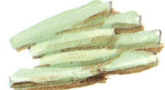 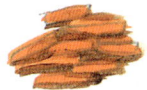

tip
오이는 겉면에 가시가 있기 때문에 꽃소금으로 문질러 닦아줘야 해요. 가시가 따가우면 고무장갑을 끼고 하세요.

3 소금물에 오이를 넣고 20분 정도 절인 다음 건져서 물기를 빼요.

너무 짜게 절이면 안돼~

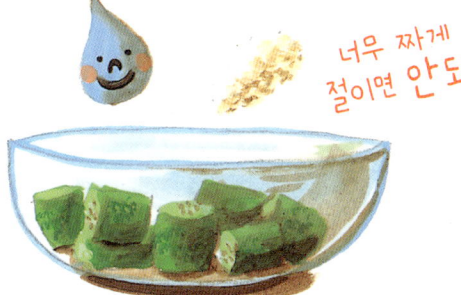

tip
중간에 오이를 먹어보아 짜지 않을 정도면 돼요.

4 큼직한 볼에 절인 오이와 채 썬 무, 당근, 부추, 양파즙, 배즙, 생강즙, 다진 마늘을 넣고 버무리면 끝! 간단하지요?

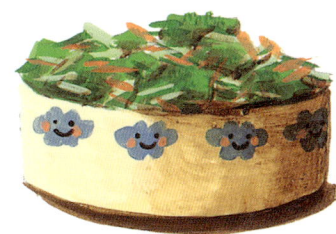

파프리카물김치

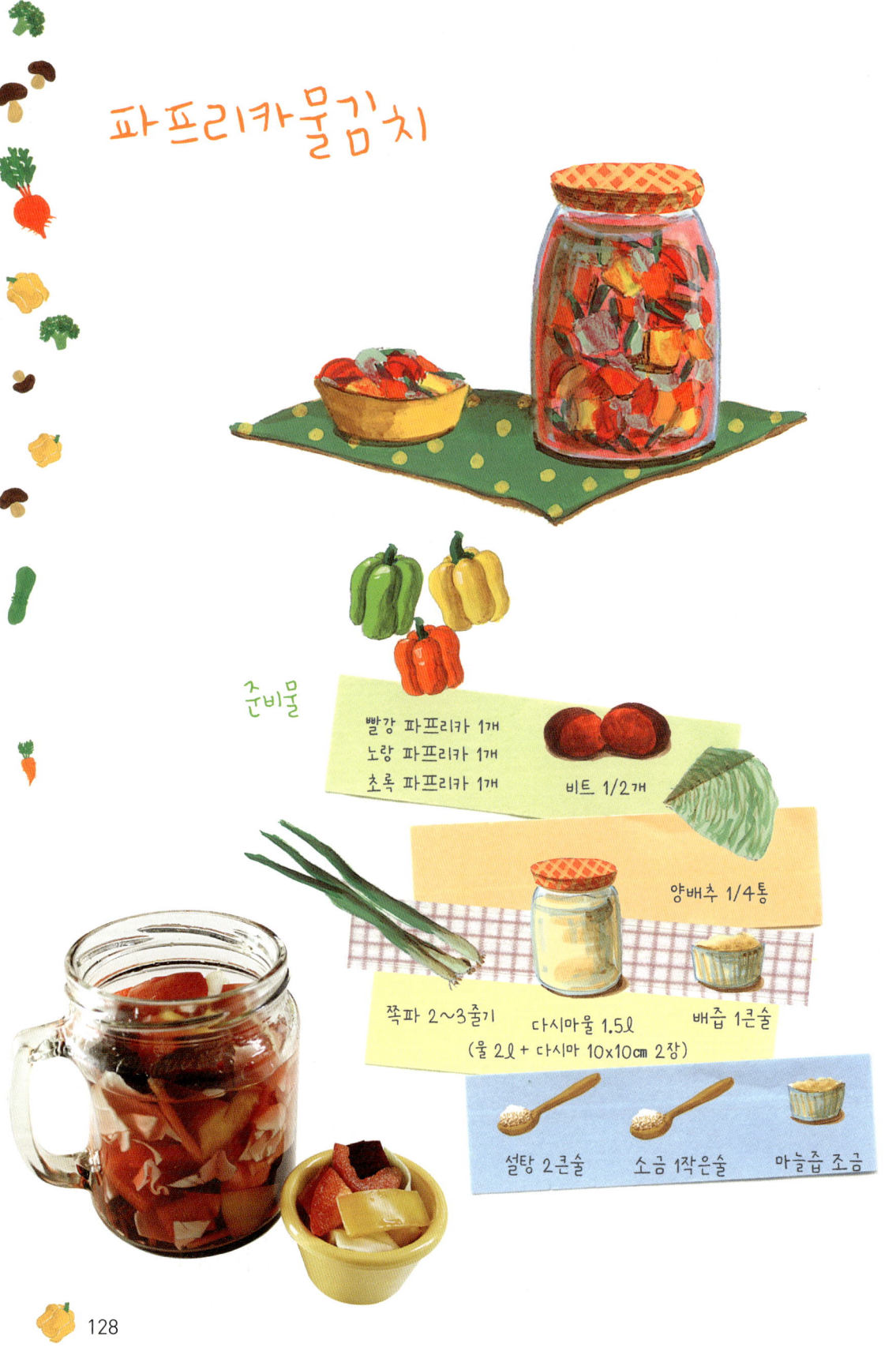

준비물

빨강 파프리카 1개
노랑 파프리카 1개
초록 파프리카 1개

비트 1/2개

양배추 1/4통

쪽파 2~3줄기

다시마물 1.5ℓ
(물 2ℓ + 다시마 10x10㎝ 2장)

배즙 1큰술

설탕 2큰술

소금 1작은술

마늘즙 조금

요리해요

1 파프리카는 꼭지와 씨를 제거하고 먹기 좋은 크기로 잘라요.

2 양배추는 겉잎을 떼고 파프리카와 같은 크기로 잘라요. 쪽파는 뿌리를 다듬고 겉의 지저분한 잎을 뗀 다음 2cm 길이로 잘라요.

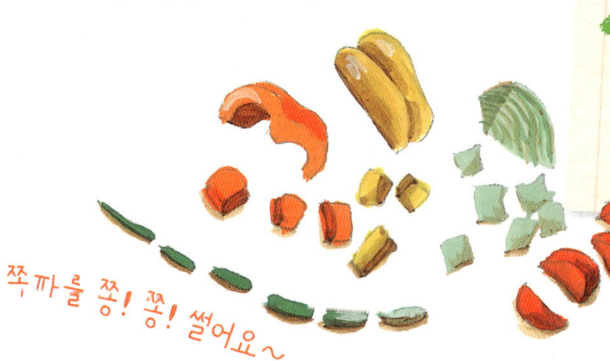

쪽파를 쫑! 쫑! 썰어요~

3 밀폐용기에 분량의 다시마물을 붓고 채소와 양념 재료를 모두 넣어요.

tip
다시마물은 분량의 물에 다시마를 넣어 1시간 정도 우려내고 건진 다음 중약 불에서 끓기 직전까지만 가열해 사용하세요!

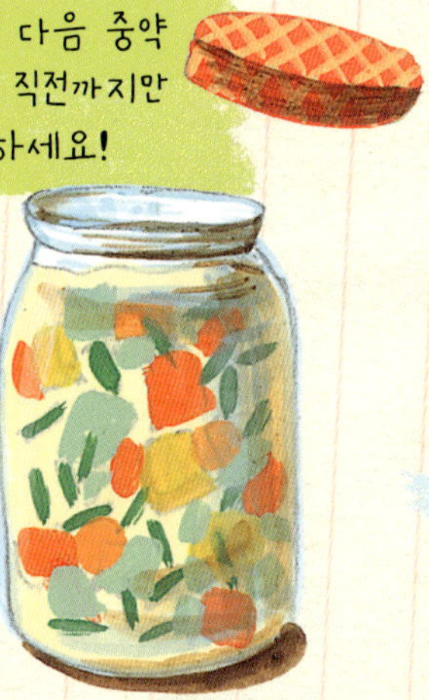

tip
비트는 색이 금세 우러나니 다른 채소들을 넣고 하루 쯤 지난 다음 넣도록 해요. 비트를 넣고는 병을 밀폐시켜 냉장고에 두고 맛있게 먹어요!

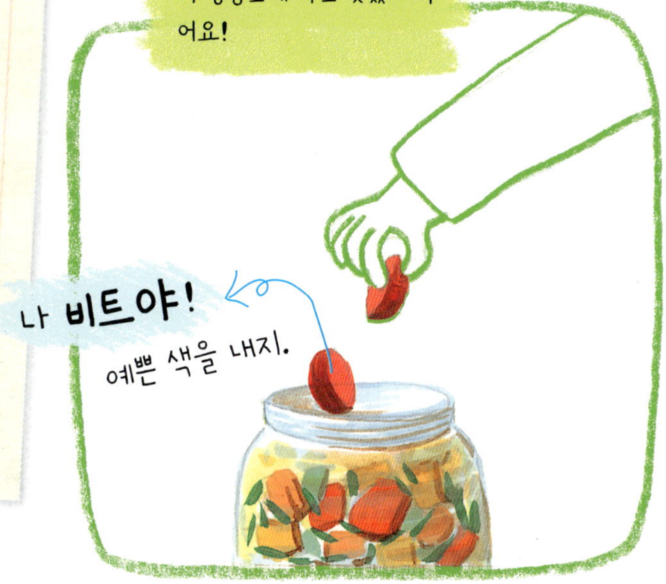

나 비트야!
예쁜 색을 내지.

오이피클

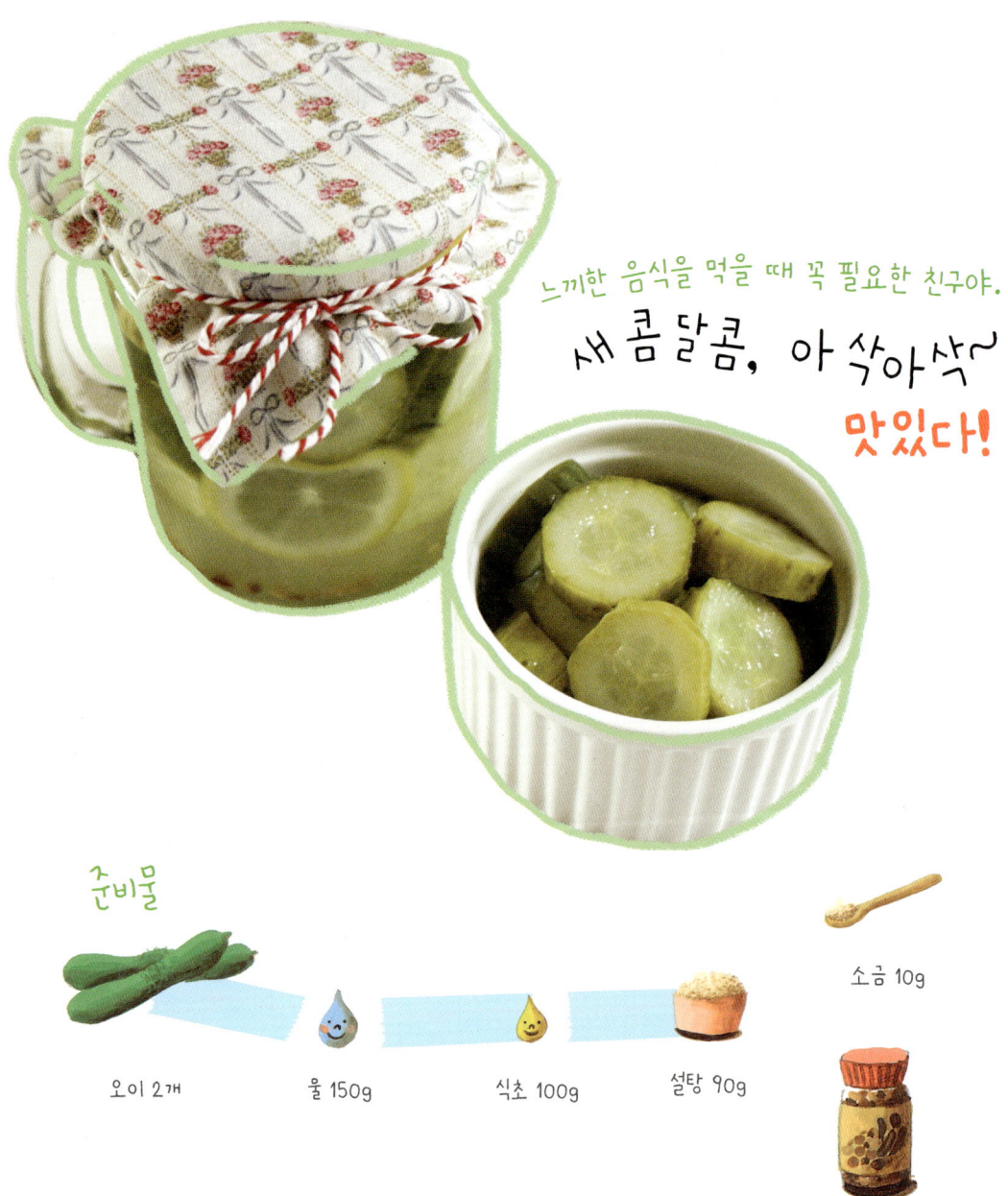

느끼한 음식을 먹을 때 꼭 필요한 친구야.

새콤달콤, 아삭아삭~
맛있다!

준비물

오이 2개 → 물 150g → 식초 100g → 설탕 90g

소금 10g

피클링스파이스 1작은술

요리해요

1 오이를 뽀득뽀득 깨끗이 씻어주세요.

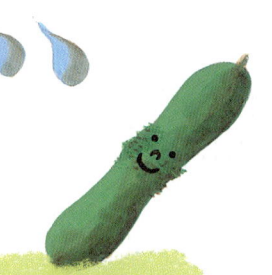

tip
오이는 겉면에 가시가 있기 때문에 굵은소금으로 문질러 닦아야 해요. 가시가 따가우면 고무장갑을 끼고 하세요.

2 오이를 도톰한 두께로 잘라 유리병에 넣어요.

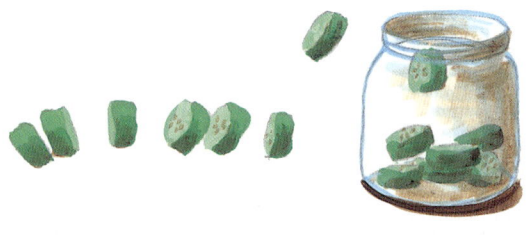

tip
유리병은 뜨거운 물로 한 번 헹군 다음 사용해야 해요. 소독을 하는 과정인데 아주 중요하지요!

3 냄비에 물, 식초, 소금, 설탕, 피클링 스파이스를 넣고 팔팔 끓여요.

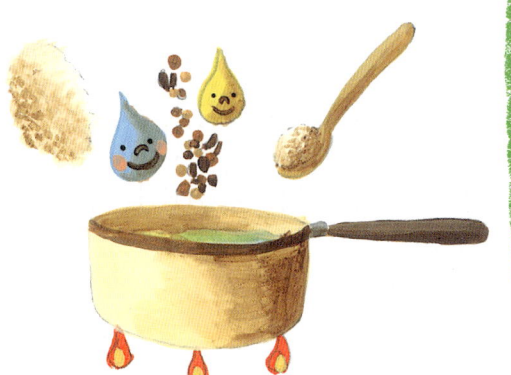

4 2의 유리병에 3을 부은 다음 한김 식혀 뚜껑을 닫고 서늘한 곳에서 잠깐 동안 익힌 뒤 냉장고에 넣어요.

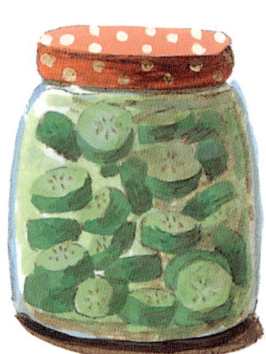

보글보글!
톡톡~

맛있게 익는 소리가 들려?

친구들과 조물조물 냠냠 맛있는 간식 만들기

상상력과 창의력 쑥쑥 어린이 요리책

ⓒ박새봄, 2014

초판 1쇄 발행일 2014년 2월 25일
초판 12쇄 발행일 2022년 5월 20일

지은이 박새봄
펴낸이 윤은숙
편집 책임 이희원 팀장
요리 감수 콩닥맘 이미영
디자인 윤미정
관리 엄철용

펴낸 곳 (주)느림보
등록일자 1997년 4월 17일
등록번호 제10-1432호
주소 경기도 파주시 헤이리마을길 48-45
전화 031-949-8761
팩스 031-949-8762
블로그 blog.naver.com/nurimbo_pub

ISBN 978-89-5876-178-5 13370

이 도서의 국립중앙도서관 출판시도서목록(CIP)은 서지정보유통지원시스템 (http://seoji.nl.go.kr)와
국가자료공동목록시스템(http://nl.go.kr/kolisnet)에서 이용하실 수 있습니다.
(CIP제어번호 : CIP2014004592)

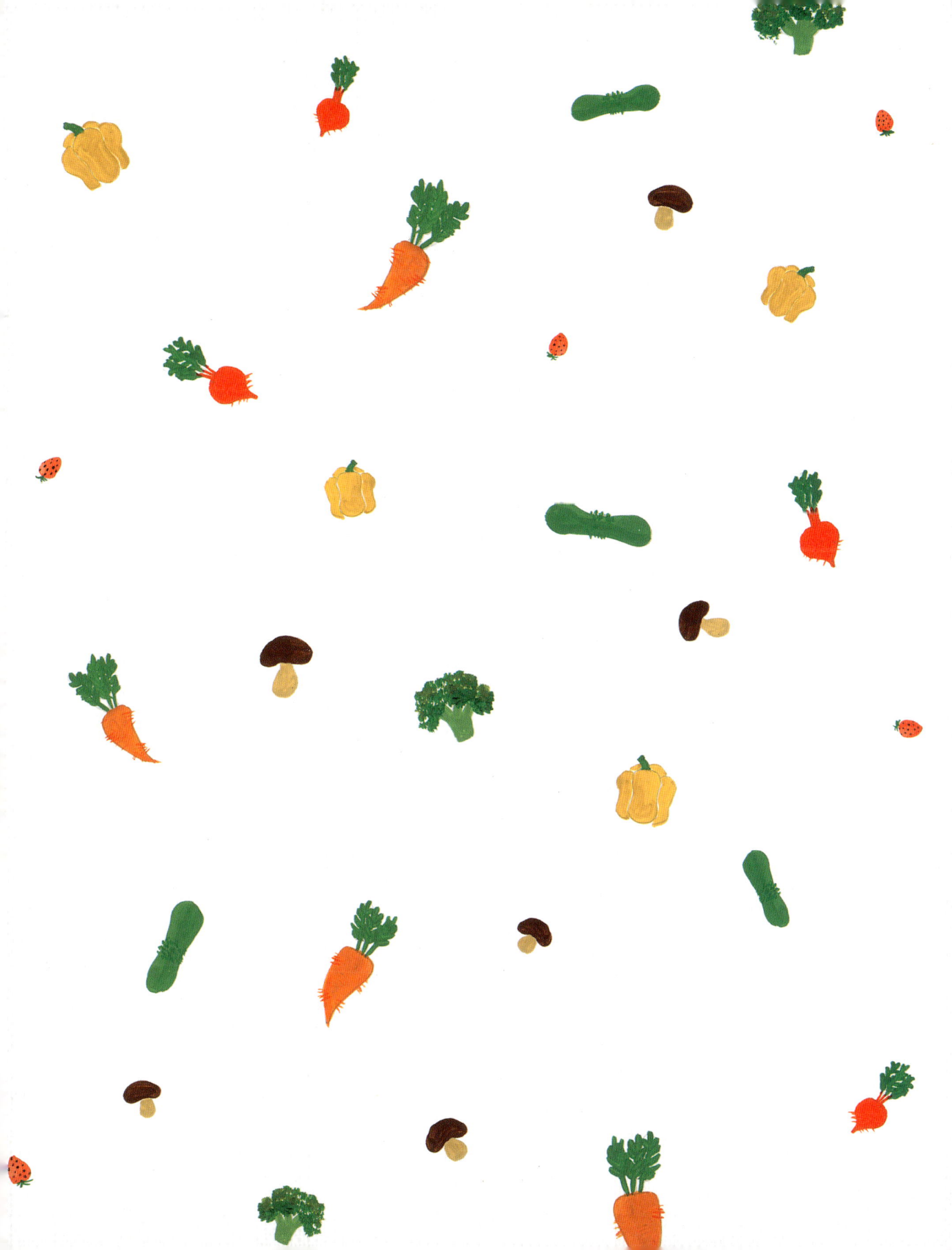

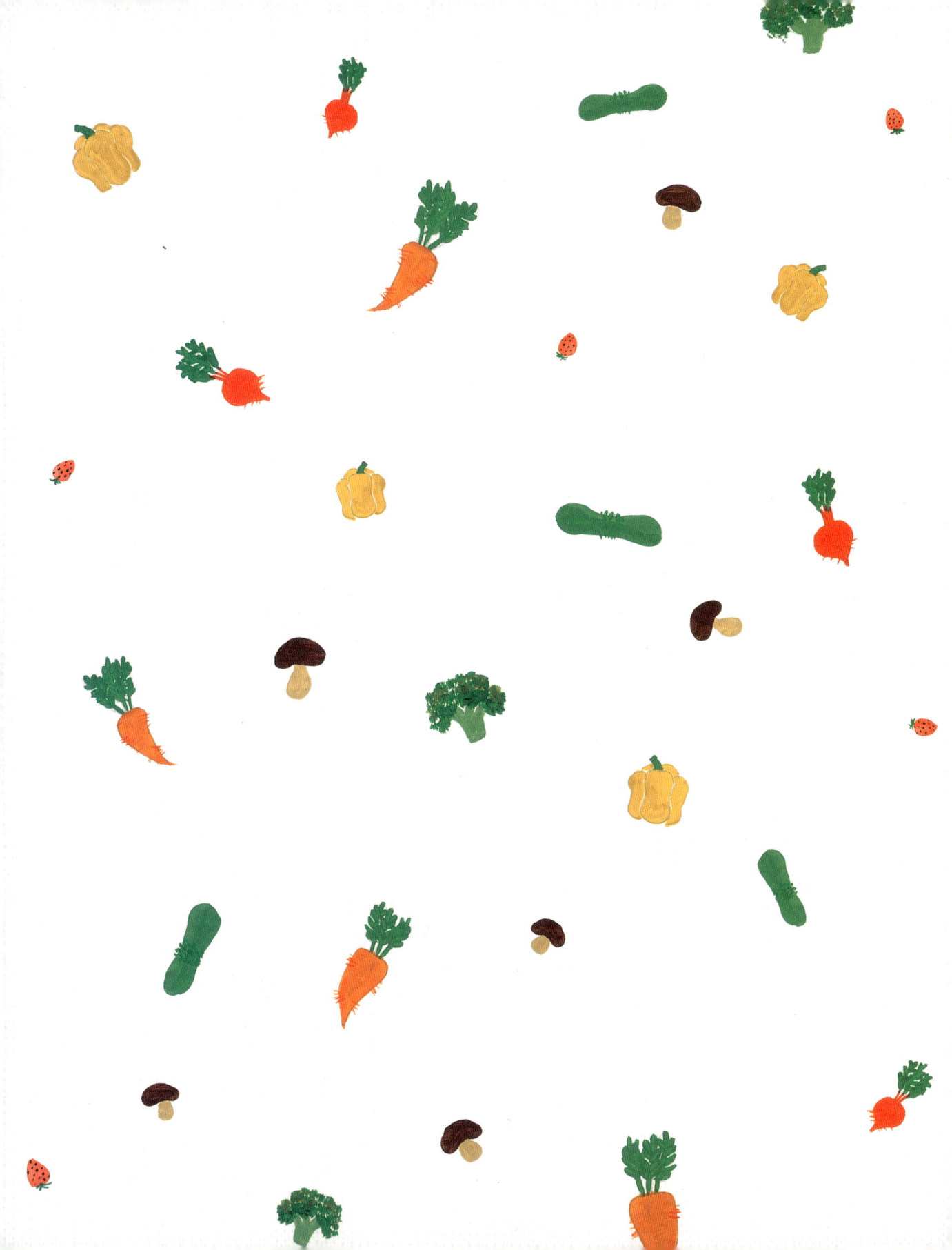